AVOIR UN CHAT À PARIS

BERTA SESÉ

AVOIR UN CHAT À PARIS

SANTÉ, TOILETTAGE, PATTUCURE, CAT-SITTING ET PSY-CHAT-NALYSE…

PARIGRAMME

*À Céline, fondatrice et Cha-pitaine de ChaPacha,
qui a su me transmettre son savoir et son amour félin
auprès des chats parisiens pendant des années.*

N'hésitez pas à nous écrire : **parigramme@parigramme.fr**

Sommaire

Avec 250 000 chats contre 100 000 chiens, Paris est un véritable repaire pour les félins de tout poil. On note par ailleurs que le nombre de chats en France a progressé de 30 % en dix ans. Le confinement est venu accélérer cette tendance : les adoptions sont en hausse de 15 % à Paris depuis le début de la crise de la Covid.

De fait, observer nos matous au quotidien incite à ralentir face au rythme trépidant de nos vies citadines. Qui de nous n'a pas rêvé de vivre une vie de chat ? Entre les siestes paresseuses sur le canapé (dix-huit heures de sommeil par jour), les larges bâillements pour se détendre, les heures passées à se toiletter, la gamelle bio servie en version open bar, leur existence de pacha hédoniste est une véritable invitation à se reconnecter à l'essentiel.

Et il faut dire que les minous parisiens ne sont pas en reste en matière d'offre de service : des hôtels dédiés, des équipes de cat-sitters attentionnés, de la nourriture BARF livrée à domicile, des soins de beauté chez le toiletteur et même des séances de « psy » pour mieux les comprendre...

Vous trouverez également dans ce guide de bonnes adresses de chatteries et d'animaleries parisiennes dans lesquelles les chats sont traités avec respect (NB : une loi contre la maltraitance animale vient d'être votée et prévoit que la vente d'animaux vivants en animalerie sera interdite au 1er janvier 2024).

C'est scientifiquement prouvé, le calme et la douceur du chat ont des effets positifs sur notre état psychique. Nous les caressons, et la fréquence de notre rythme cardiaque diminue. Car, en ronronnant, le chat émet des vibrations sonores qui soulagent nos douleurs et abaissent notre niveau de stress, notre tension artérielle. Vive la ronronthérapie à Paris !

1

Autour de mon chat : boutiques, toiletteurs, cafés et déco pour *cat lovers*

Les matous parisiens ne sont pas parisiens pour rien... ils ont un goût très sûr en matière d'élégance et de design ! Dans les boutiques spécialisées, on fait rimer confort avec esthétique. Et pour les *cat lovers* qui n'ont pas de matou, les "neko café" sont là pour vous...

Junku

18, rue des Pyramides, 1er • M° Pyramides • Tél. 01 42 60 89 12

Ouvert du lundi au samedi de 10h à 19h

junku.fr

MADE IN JAPAN • Poussez la porte de ce temple de la littérature japonaise et plongez dans l'univers kawaï. À deux pas de l'Opéra, Junku propose un très large choix d'ouvrages sur le pays du Soleil-Levant, un remarquable rayon papeterie, mais aussi de la presse et une belle sélection de mangas… en français et en japonais. On le sait, les Japonais sont fans de chats ! Ainsi, au sous-sol de la librairie, vous trouverez un rayon félin : mangas en français, livres illustrés sur les chattitudes ou les chacrobates, tous les volumes de la série *Félin pour l'autre*, et de nombreux titres en japonais. Enfin, vous y dénicherez plein de jolies idées de cadeaux : boîtes bento en forme de chat, porte-cartes chats…

Moshi Moshi

16, rue d'Argenteuil, 1er • M° Pyramides • Tél. 06 52 98 32 52

Ouvert du mardi au vendredi de 11h30 à 19h30 et le samedi de 10h30 à 20h

moshimoshiparis.com

KAWAÏ NEKO • Au cœur du triangle d'or japonais de Paris, cette petite boutique propose des produits importés directement du pays du Soleil-Levant : large choix de vaisselle, papeterie, objets déco... C'est l'adresse idéale pour les amoureux des chats japonais : il y en a plein cachés partout ! Sur des chaussettes *tabi*, sur des mugs et tasses à café, des éventails, des boîtes à bento, des *tote bags*, des rideaux, vous y verrez aussi des chats porte-bonheur, des *maneki-neko*, des moules à riz en forme de chat... Un univers félin nippon qui vous fera craquer à coup sûr !

GAMELLE AU NATUREL

Si vous faites autant attention à la gamelle de votre chat qu'à votre assiette, vous allez adorer **Croq Land Nature**, un grossiste importateur de la marque Natural Greatness. Croq Land Nature propose une gamme de pâtées et de croquettes élaborées à base d'ingrédients naturels et sans céréales – car celles-ci ne font pas partie de l'alimentation de base de nos amis à quatre pattes, qui sont définitivement carnivores ! L'absence de céréales va permettre à votre matou d'avoir une peau saine, un poil encore plus brillant et lui donner plus de vitalité. À la carte : filet de thon ou de poulet, saumon et dinde à la citrouille et menthe aux chats, lapin et canard à la carotte et à la camomille, ou poulet avec yogourt, banane et fraises. De quoi réveiller les papilles de nos gourmands félins !

CROQ LAND NATURE
Tél. 06 78 50 17 50
croq-land@orange.fr
croq-land-nature.com

Flair in the City

36, rue d'Aboukir, 2e • M° Bourse et Louvre-Rivoli • Tél. 09 84 42 92 79

Ouvert du lundi au samedi de 10h à 19h

flairinthecity.com

UN CHAT QUI A DU CHIC • Situé à deux pas de la place des Victoires, ce concept store pour chiens et chats offre une sélection de produits pointue, chic et décalée. Vous y trouverez d'étonnants biscuits pour animaux et humains à partager avec votre boule de poils, ou encore des colliers à message pour chat. Parmi les classiques, des boîtes de rangement stylées pour croquettes de minous au bon goût, ou des paniers et tipis en feutrine, bien doux. Tout pour faire plaisir à votre félin et à votre intérieur ! Service de toilettage et *beauty bar*, dans lequel sont utilisés shampooings naturels très doux pour les chatons, ou nourrissants et raviveurs de brillance pour les grands. Également une gamme de produits aux huiles essentielles, des huiles de démêlage et des baumes pour coussinets, des brosses délicates, des parfums antibactériens pour leurs paniers... Flair in the City collabore aussi avec plusieurs artistes et photographes animaliers pour immortaliser vos minous et propose un service de *personnal shopper* en vidéo sur rendez-vous, depuis chez vous.

Atsuko Matano

64, rue du Temple, 3e • M° Rambuteau • Tél. 01 42 77 46 28

Ouvert le lundi de 13h à 19h et du mardi au samedi de 11h à 19h

atsukomatano.fr

HOME DESIGN KAWAÏ • Atsuko Matano est une artiste japonaise aux multiples talents (illustration, design, écriture) qui a créé en 1986 une ligne de linge de maison et d'accessoires. Celle-ci se caractérise par ses motifs très colorés autour d'un personnage fétiche, "Mémé", une chatte aux grands yeux (*mé* signifie "œil" en japonais). On retrouve donc Mémé un peu partout dans les rayons de cette boutique ouverte en 2014 – sur des serviettes de bain, de cuisine, des accessoires de mode et de la vaisselle, sur de la papeterie... Bref, de quoi égayer le quotidien des *cats lovers* !

Miyakodori

1, impasse Guéménée, 4e • M° Bastille • Tél. 01 42 78 23 11

Ouvert du lundi au samedi de 13h à 19h

miyakodori.fr

DES CHATS PORTE-BONHEUR • Le *maneki-neko* est le chat le plus célèbre du Japon. Appelé aussi “chat porte-bonheur”, il trône dans la plupart des restaurants japonais : il lève la patte et salue le client avec un doux sourire. Chez Miyakodori, parmi d’autres produits importés du Japon (boîtes à bento, théières, vaisselle), vous pourrez faire l’acquisition d’un de ces chats porte-bonheur. Ceux-ci se déclinent dans plusieurs formats et couleurs, en porcelaine ou céramique. Si vous êtes un adepte de la tradition, choisissez-le blanc tacheté de roux et de noir. Bon à savoir : si le *maneki-neko* lève sa patte gauche, il invite amis et clients, mais s’il lève la droite, il attire argent et bonne fortune !

QUAND MONSIEUR MATOU PREND LA POSE

LE MUZOGRAPHE

Nathalie Tiennot sait se cacher derrière son objectif pour capturer la personnalité de vos boules de poils et votre complicité. Que ce soit en extérieur lors d'une balade (plutôt adapté aux chiens), chez vous avec votre déco pour des photos au naturel, ou chez vous avec son studio photo portatif pour un rendu pro, vous allez adorer son style spontané, naturel et vivant. Le chat est à l'aise pour poser dans son élément, et Nathalie sait le mettre en confiance. Pour préparer une séance photo sur mesure, contactez Nathalie par e-mail ou via son site.

11e • M° Saint-Ambroise
contact@agencedenatt.com
Forfaits : à partir de 95 €, et formules sur mesure
lemuzographe.com

PATOUNES ET MOUSTACHES

Vous avez envie de vous faire tirer le portrait avec votre compagnon à quatre pattes ? Patounes et moustaches est fait pour vous. Une séance photo avec Lydia Bellet est plus qu'une simple séance, c'est un moment de partage et de complicité entre vous, votre animal et son objectif. Elle aime capturer les expressions et émotions pour refléter la personnalité unique de votre chat, sans le forcer à poser. Pour cela, Lydia sait vous mettre à l'aise et suivre le rythme du matou. La pro propose aussi des coachings photo et des formations à la photographie animalière. À vos sourires messieurs-dames !

Lydia Bellet
Tél. 06 65 26 20 68
contact@lydiabellet.com
Forfaits : de 190 € à 970 €
lydiabellet.com

ANIMAL STUDIO

Fort de plus de vingt ans d'expérience en tant que photographe animalier, David Strano a mis en place un service ingénieux : un studio photo professionnel qui se déplace chez vous pour tirer le portrait de votre boule de poils. Malin quand on sait que nos chats sont plus à l'aise pour prendre la pose sans stress en territoire connu. David propose trois formules, adaptables selon vos envies, à réserver directement sur le site. Pour la séance,

il suffira de prévoir chez soi un petit coin où installer le studio mobile, qui se compose d'une toile tendue (noir ou autres couleurs au choix) et d'une table où trônera votre vedette. Si vous êtes du genre starlette, osez poser avec minou ! Comptez entre une heure et une heure trente de shooting, histoire de ne pas brusquer le matou. Vous pourrez faire votre choix sur place, puis attendre les tirages, sûrement avec impatience !

14, rue Charles-V, 4e • M° Saint-Paul
Tél. 06 77 99 38 06
contact@animalstudio.fr
Forfaits : 99 € (3 photos),
199 € (6 photos + un tirage poster),
299 € (6 photos + un grand poster)
davidstrano.fr/animal-studio

BASILE & IMAGES

Basée entre Colombes et Marseille, Lucille Caballero se déplace partout en France pour tirer le portrait de votre animal de compagnie. En famille, en tête à tête avec votre chat, en intérieur ou extérieur, Lucille adore capter des moments de tendresse et de complicité. Pendant la séance, qui dure entre une heure trente et deux heures, votre minou aura le temps de prendre la pose, la queue en l'air et les moustaches au vent ! Vous pouvez également offrir une séance de photographie à un proche avec les bons cadeaux Basile & Images.

92700 Colombes
basileimages@gmail.com
Forfaits : à partir de 300 €
basileimages.com
Voir aussi Harcourt p. 47

La Niche - BHV

42, rue de la Verrerie, 4e • M° Hôtel-de-Ville
Tél. 09 77 40 14 00

Ouvert du lundi au samedi de 10h à 20h et le dimanche de 11h à 19h

bhv.fr/magasins/le-bhv-marais-la-niche

L'ANIMALERIE CHIC DE LA RIVE DROITE • Ce temple pour chats et chiens porte bien son nom. En effet, l'espace animalerie du BHV ne fait pas les choses à moitié : dès la rue, deux grandes statues orangées à l'effigie d'un chat et d'un chien format XXL vous accueillent… La gamme est très large (alimentation, soins et hygiène, accessoires), et vous aurez l'embarras du choix, entre paniers, jouets, plumeaux, balles, médailles à graver, gamelles, fontaines à eau, bacs à litière, griffoirs et arbres à chat… Idéal pour s'équiper quand on vient d'adopter un chaton.

Moustaches

32, rue des Archives, 4e • M° Hôtel-de-Ville
Tél. 01 42 71 05 21

Ouvert du lundi au vendredi de 10h30 à 19h30 et le dimanche de 12h à 19h

Autre adresse sur le site moustaches.fr

CAT-SHOPPING • Un éclairage élégant, des vitrines attrayantes, un merchandising soigné : chez Moustaches, tout est réuni pour vous faire craquer ! Dans ce bel espace de 150 m², vous trouverez des produits innovants, mais aussi les basiques pour chats, chiens et leurs maîtres, soit un total de 3 500 références d'alimentation, bien-être, accessoires, jouets, arbres à chat, griffoirs, bacs à litière… La gamme de sacs de transport est très large, depuis les sacs classiques jusqu'au sac à dos cosmonaute, en passant par des sacs en bandoulière mous et originaux. Les vendeurs sont compétents et respectueux du bien-être animal. Et vous pourrez retrouver sur l'e-shop la plupart des produits disponibles en magasin.

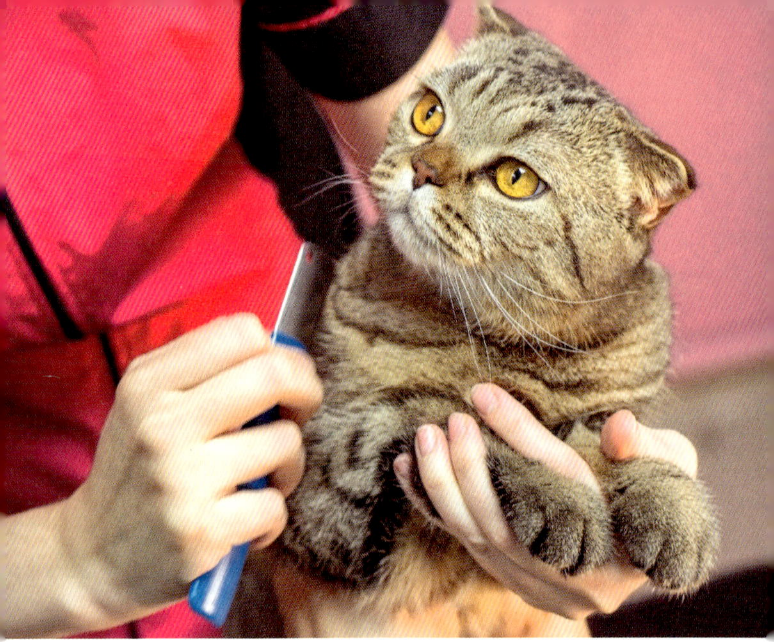

Au Paradis Canin

21, rue Cardinal-Lemoine, 5e • M° Cardinal-Lemoine • Tél. 01 43 29 25 59

Ouvert mardi, jeudi, vendredi et samedi de 9h à 19h

Bain épilation chat poil long : 95 € • Bain chat poil ras et européen : 75 €

HAUTE COIFFURE • Ce salon ouvert dans les années 1970 a été repris il y a dix ans par Caroline Coutret, championne de France de toilettage et du monde par équipe. Un salon haut de gamme, avec une déco girly, aux teintes rose fuchsia. Ici, le travail est soigné et de qualité, et les toiletteurs respectent les spécificités de chaque race. Vous pouvez y emmener votre matou les yeux fermés, il ressortira la tête haute et la queue bien droite, prêt pour n'importe quel casting félin ! Au Paradis Canin commercialise en exclusivité les produits de beauté Caroline Coutret, ainsi que d'autres gammes *made in France* et des accessoires chics. Vous songez à vous reconvertir dans le toilettage ? Caroline propose des formations de toiletteur au sein même du salon, théorie et pratique (durée de quatre à sept mois).

Pet So Chic

Flagship 16, rue Dauphine, 6e • M° Pont-Neuf • Tél. 01 42 03 09 70

Ouvert du mardi au samedi de 11h à 18h30

Spa chat : bain et mise en beauté 70 €, épilation pile-poil 95 €

petsochic.com

SPA ARTY • Au cœur de l'île de la Cité, Pet So Chic propose une gamme de produits conçus en exclusivité par l'artiste Walter Glassof : des colliers-bandanas pleins d'humour figurant par exemple *"The masked cat"* (le mystérieux), *"Fat the cat"* (le professionnel de la sieste et de la gamelle), ou *"Caturday night fever"* (le joueur fêtard et noctambule). Ces colliers sont personnalisables avec le nom de l'animal ou votre numéro de téléphone et gravés à la feuille d'or. Mais Pet So Chic, c'est aussi un spa haut de gamme pour chiens et chats. Des dessins de Glassof au plafond, du marbre de Carrare sur les murs et de la cosmétologie animale personnalisée selon le type de poil et l'âge : offrez un soin 5 étoiles à votre matou ! On notera la présence de la gamme de croquettes Petsogood pour chats, sans gluten, OGM ni conservateurs, au poulet et saumon, riches en fibres végétales pour éliminer les boules de poils. Disponibles à l'unité ou en quatre formules d'abonnement adaptées.

Galerie Club Sensible

13, rue des Quatre-Vents, 6e • M° Odéon
Tél. 09 82 37 79 42

Ouvert du mardi au samedi de 13h30 à 19h30

clubsensible.fr

DÉCO DRÔLE ET POÉTIQUE • Cette galerie atypique sélectionne œuvres, dessins originaux et éditions limitées à des prix abordables. Vous y trouverez en exclusivité les œuvres de l'artiste Kamwei Fong, bien connu des *cat lovers*. Cet illustrateur malaisien travaille sur le monde animal en général et sur les chats en particulier. Il dessine au crayon, à l'encre de Chine, ou peint à l'acrylique sur toile. Il crée les volumes et la sensation de fourrure en variant la densité d'un nombre incroyable de lignes fines. La galerie propose ses œuvres encadrées, en format A4, et les prix varient de 45 € à 75 €.

Two Tails

199, rue de Grenelle, 7e • M° École-Militaire
Tél. 01 45 33 65 71

Ouvert du lundi au samedi de 10h à 20h et le dimanche de 10h à 14h

Autre adresse sur le site twotails.fr

JUSQU'AU BOUT DES COUSSINETS • À deux pas du Champ-de-Mars, cette animalerie nouvelle génération a été créée en 2016 par William, *dog lover* devenu comportementaliste, et Romain, *cat lover* titulaire du CCAD (certificat de capacité des animaux de compagnie d'espèces domestiques). La liste de produits distribués est longue et variée, et vous y trouverez des références étonnantes : jeux de stratégie et d'activité féline, arbres à chat originaux, GPS pour ne pas perdre les chats globe-trotters, maisons et igloos avec griffoir inclus, maisons en carton rigolotes (en forme de Taj Mahal, Maison-Blanche, temple maya ou Kremlin)... Si vous ne pouvez pas vous rendre sur place, faites un tour sur l'e-shop.

DES PORTRAITS AU POIL !

Pour immortaliser votre minou, pourquoi ne pas faire appel à un artiste qui réalisera un portrait d'après photo selon la technique de votre choix, mais toujours au poil !

SKYZUNE ART

Dans un style photoréaliste, Skyzune réalise des portraits animaliers sur commande d'après photo. Elle travaille dans son atelier en compagnie de Linaï, une chatte trouvée blessée dans un parking. Vous pourrez apprécier la dextérité de cette artiste et craquer pour son travail en regardant les vidéos en *time lapse* de ses réalisations, sur son site ou sa chaîne YouTube. Skyzune utilise le pastel sur papier ou la peinture (acrylique ou huile) sur toile. Grâce à vos commandes, elle soutient chaque année une association différente qui aide les animaux.

Charlotte Galloux

Sur sa boutique Redbubble (www.redbubble.com/fr/people/skyzuneart/shop), retrouvez des reproductions murales et impressions sur objets de ses peintures : mugs, cahiers, coques de téléphone, housse d'iPad, tee-shirts, coussins...

contact@skyzune-art.com
skyzune-art.com

CHARLOTTE GALLOUX

Après des études vétérinaires, un master de commerce et dix ans dans le secteur du luxe, Charlotte Galloux a repris ses crayons, s'est formée au design graphique, et a retrouvé ses sujets de prédilection : les animaux et la nature. Aujourd'hui représentée par la galerie Maître Albert à Paris, elle réalise des sujets animaliers sur commande à partir d'une photo, et collabore avec plusieurs maisons de décoration et d'édition d'objets. À travers l'aquarelle et l'encre, elle transmet l'émotion que lui inspirent ses sujets. Son trait délicat saura vous charmer à coup sûr !

Tél. 06 08 33 98 33
Devis sur demande à :
gallouxcharlotte@gmail.com
charlotte-galloux.fr
Voir aussi Philippe Tyberghien, p. 52

Aristide, la boutique

11, rue Ambroise-Thomas, 9e • M° Cadet • Tél. 01 42 46 86 46

Ouvert du mardi au samedi de 12h à 14h et de 15h à 19h, le dimanche soir et le lundi soir sur rdv

aristide-hotel.com

CORNER POUR *CAT LOVERS* • Dans la boutique de l'hôtel félin Aristide (voir p. 83), vous trouverez une jolie sélection d'articles pour vous, pour votre chat et votre maison. Des livres, des cahiers, des mugs ou des affiches, mais aussi des jouets, des coussins, des grattoirs, des gourmandises ou encore des accessoires design, des cabanes ou hamacs pour faciliter la vie en appartement à votre félin. La ligne de tee-shirts "Chamasutra" conçue par l'hôtel illustre cinq positions fétiches des chats : Sieste polissonne, Crêpe thaïlandaise, Plumes baladeuses, Broutage merveilleux ou Mickey insatiable. Pour les *cat fashionistas* qui n'ont pas froid aux moustaches !

Michette, animalerie et toilettage

23, rue du Château-d'Eau, 10e • M° Jacques-Bonsergent • Tél. 01 73 71 54 28

Ouvert du lundi au samedi de 9h30 à 20h
et le dimanche de 11h à 19h (toilettage fermé)

Toilettage complet : 59 €

toilettageparis10.com

POUR LA BEAUTÉ DU POIL • Ici, une équipe de passionnés de nos amis félins et canins prend en charge votre animal pour un vrai moment de beauté : bain, brossage, démêlage, coupe, séchage... Elle le chouchoute pendant une heure trente, sans stress pour lui, tout en respectant la brillance et la tenue de son poil. Chez Michette, on utilise des shampoings au pH neutre sans paraben, antidémangeaisons, antipelliculaires, et des soins pour l'entretien du poil. Les toiletteurs sauront s'adapter à chaque cas. Vous êtes en retard pour venir récupérer votre compagnon ? Pas de souci, les pros le garderont sur place le temps que vous arriviez, sans supplément ! Vous trouverez aussi un large rayon animalerie avec accessoires, nourriture et fournitures, ainsi que les produits de beauté utilisés dans le salon.

Ma Tou Tou

6, rue Chaudron, 10e • M° Louis-Blanc • Tél. 01 46 07 31 66

Ouvert lundi, mardi, jeudi, vendredi et samedi de 10h à 18h30
(sur rdv seulement)

toilettage-matoutou-paris10.fr

BRUSHING FÉLIN • La chaleureuse Muriel vous accueille dans son salon cosy depuis 1999. Elle s'occupe de vos chats et chiens avec passion, douceur et dextérité, et vous conseille sur leur alimentation. Chez Ma Tou Tou, la prestation toilettage pour les chats n'inclut pas le bain – cela tombe bien, car ils n'aiment pas trop ça en général ! Vous trouverez aussi dans cette petite boutique un rayon animalerie avec des accessoires pour chiens et chats (corbeilles et paniers, tapis, coussins, jouets en latex, peluches) ainsi que de l'alimentation (marques Hill's, Flexi, Dogline, Bobby, Top Zoo entre autres). Le petit plus : pendant que votre matou se fait brosser et dorloter, vous pourrez patienter en lisant quelques magazines assis confortablement dans le salon d'attente.

Le Café des Chats

9, rue Sedaine, 11e • M° Bréguet-Sabin ou Bastille

Ouvert du mardi au dimanche de 12h à 22h30,
le vendredi et le samedi jusqu'à 23h

lecafedeschats.fr

RONRONTHÉRAPIE ET CUISINE MAISON • Ouvert en 2013, ce café est l'un des premiers bars à chats de France. Une douzaine de minous y cohabitent en toute liberté. L'ambiance y est vintage et cosy, avec meubles dépareillés sortis du grenier de mamie, chaises tapissées, canapé en cuir, et des tables de chevet sur le mur en guise de cabanes perchées pour chats. Dans ce restaurant-salon de thé, tous les plats et desserts sont faits maison. De quoi se régaler et faire en même temps une bonne action, puisqu'une part des bénéfices est reversée à la protection féline. Tous les matous ont été adoptés via des associations de protection animale, et choisis pour leur caractère sociable. Au Café des Chats, on est convaincu des effets bienfaisants de la ronronthérapie. En effet, les fréquences basses du ronronnement félin apaisent et entraînent la production de sérotonine. Bien-être et *positive attitude* assurés !

City Pet Shop

21, rue Sedaine, 11e • M° Bastille ou Bréguet-Sabin
Tél. 06 01 42 58 45 • info@citypetshop.fr

Ouvert du lundi au dimanche de 11h à 21h

citypetshop.fr

LA QUALITÉ DANS LA GAMELLE • Vous pouvez faire confiance les yeux fermés aux produits alimentaires proposés ici. Vous y trouverez en effet des marques de croquettes, comme Orijen, Lily's Kitchen ou Edgar Cooper, qui n'utilisent que des produits frais et bio, sans céréales ni OGM. Dans son rayon épicerie, City Pet Shop présente des produits artisanaux et boulangers bio à destination de nos amis à quatre pattes, ainsi que du BARF (*biologically appropriate raw food*), une alimentation à base de 84 % de viande minimum, imbattable pour réveiller les instincts félins des chats parisiens ! Bon à savoir : le magasin est situé juste devant un cabinet vétérinaire, de quoi optimiser votre temps.

Nina Dalle

32, boulevard Beaumarchais, 11ᵉ • M° Chemin-Vert ou Bréguet-Sabin
Tél. 06 24 75 82 99

Ouvert du mardi au samedi de 10h à 19h

ninadalle.com

CAT FRIENDLY • Votre chat est du genre rebelle à poil long et ennemi des brosses ? Aucun toiletteur ne veut s'occuper de lui sans lui donner au préalable un calmant ? Vous souhaitez une équipe à la patte douce animée par un grand amour des animaux ? Rendez-vous donc au salon Nina Dalle ! Nina, la fondatrice, et Lena, toiletteuse double médaille d'or, sont très bienveillantes et sauront prendre soin de votre minou tout en s'adaptant à son caractère. Quant à vous, vous pourrez observer la séance de toilettage derrière la vitre. Ici, on baigne un seul animal à la fois pour réduire le stress des autres. Sublimation du pelage, hydratation des coussinets, démêlage, coupe des griffes... Votre chat vous fera craquer encore plus ! Débourrage et/ou coupe : pour un chat à poil long et mi-long (persan, sacré de Birmanie) avec ou sans bain, comptez 95 € ; européen et poil ras 75 € ; mainecoon 120 €. Bon à savoir : la boutique propose une belle gamme d'accessoires, de vêtements et de produits gourmands.

Mascottes

119, rue de Charenton, 12e • M° Gare-de-Lyon
Tél. 01 77 18 80 53

Ouvert du lundi au samedi de 9h30 à 19h30
et le dimanche de 11h30 à 19h

mascottesanimalerie.com

DE BON CONSEIL • Derrière le viaduc des Arts, cette petite animalerie est pleine à craquer d'articles pour nos amis à quatre pattes, et surtout pleine d'amour pour eux ! Ici, toute l'équipe milite pour le bien-être et le confort des animaux. Les vendeurs y sont toujours à l'écoute et prennent le temps nécessaire avec chaque client. Vous trouverez chez Mascottes un vaste choix d'alimentation naturelle, sans céréales, humide, des friandises naturelles, des distributeurs de nourriture, ou des aliments pour l'entretien des dents. Côté accessoires : arbres à chat, griffoirs, écuelles, jouets connectés et de stratégie, laisses, tapis, caisses de transport, coussins, maisons de toilette... Vous pourrez même admirer de beaux poissons et craquer pour un aquarium à offrir à votre minou, c'est la télé des chats ! Il passera des heures à observer le petit poisson rouge !

Animalis

Centre commercial Bercy Village, 47, rue des Pirogues-de-Bercy, 12e
M° Cour-Saint-Émilion • Tél. 01 53 33 87 35

Ouvert du lundi au samedi de 10h à 19h45
et le dimanche de 11h à 19h45

animalis.com

SUPERMARCHÉ POUR SUPERMATOUS • Si votre chat devait aller faire ses courses chaque semaine après le travail, il se rendrait sans doute chez Animalis ! Cette chaîne spécialisée possède une quarantaine de magasins en France, dont un à Paris intra-muros. Celui-ci, plus petit que les autres, demeure très pratique pour remplir son caddie et faire plaisir à son chat. Vous y trouverez alimentation, friandises, bien-être, accessoires, litière, cages, paniers, jouets, et même une machine à graver des médailles à la minute. Il vous suffira de choisir un style de médaille, un type d'écriture, un format, et le tour sera joué ! Retrouvez sur le site Internet tous les produits à la vente, et bénéficiez d'un service *click & collect* ou de la livraison à domicile sous deux à cinq jours ouvrés.

Truffaut

85, quai de la Gare, 13e • M° Quai-de-la-Gare • Tél. 01 53 60 84 50

Ouvert du lundi au dimanche de 10h à 20h

truffaut.com

ANIMALERIE EN GRANDE SURFACE • On l'oublie parfois, cette chaîne spécialisée dans l'univers du jardinage possède aussi un rayon animalerie. On y trouve une grande variété de produits : bacs à litière, pelles, brosses, peignes, produits antiparasitaires, arbres à chat, griffoirs, cannes à pêche, plumeaux, colliers, chatières, hamacs, paniers, nourriture... Des machines à graver des médailles sont aussi accessibles en libre-service : vous pourrez les personnaliser en y faisant inscrire le nom de votre chat (ou de votre chien) et vos coordonnées. Comme toute grande surface, Truffaut propose des animaux en cage à la vente...

Animal's

45, rue Sarrette, 14e • M° Alésia ou Porte-d'Orléans • Tél. 01 45 41 01 02

Ouvert mardi, jeudi, vendredi et samedi de 10h à 19h
et le mercredi de 10h à 14h

animalservices.fr

AU BONHEUR DES CHATS • Depuis 2014, Élisabeth, la toiletteuse du salon, prend soin des animaux et prodigue à leurs maîtres des conseils personnalisés. Elle sait effectuer avec talent une "pattucure" des griffes et est experte en matière de démêlage. Si le poil de votre matou est impossible à démêler, Élisabeth vous proposera la tonte du corps entier, ce qui soulagera le chat et lui permettra de retrouver un pelage de qualité. Si vous avez peur qu'il ait froid, direction l'animalerie pour dénicher d'élégants vêtements ! Chez Animal's, vous trouverez également tout pour remplir la gamelle de votre minou et renouveler ses accessoires !

Pattes à Strass

109, rue d'Alésia, 14e • M° Alésia • Tél. 09 84 58 10 08

Ouvert du lundi au samedi de 10h à 19h

pattes-a-strass.com

TROP STYLÉ • Valérie et Guy, les fondateurs de Pattes à Strass, sélectionnent produits tendance et accessoires glamour pour matous stylés. Votre chat va adorer son nouveau dressing : nœuds papillon, casquettes, bandanas, cravates, colliers de soirée avec strass, colliers à paillettes et perles... Ici, vous trouverez aussi de la nourriture plaisir, des jouets qui développent son habileté (avec des friandises cachées par exemple), ou un kit de dressage pour l'usage des toilettes (économie de litière assurée à vie) ! Pattes à Strass regorge par ailleurs d'idées cadeaux pour les maîtres : mugs, tapis de souris avec têtes de matous rigolotes, gamelles de poche pliables. Notre coup de cœur : les lits douillets pour chat en forme de canapé style Louis XV, la mini-marquise en toile de Jouy, et même un Chesterfield !

Glam & Chien

64, rue de Gergovie, 14e • M° Plaisance ou Pernety • Tél. 01 53 90 96 23

Ouvert du mardi au samedi de 10h à 18h30

glam-et-chien-paris.fr

BIEN-ÊTRE ET SÉRÉNITÉ • Chez Glam & Chien, le respect des animaux est la priorité, et les soins sont adaptés spécialement à chaque animal. Les professionnels y utilisent un protocole qui permet de diminuer l'apparition de nœuds, nourrit et gaine le poil, le renforce et le protège. Si vous avez un chat à poil long, vous allez adorer leurs prestations ! Côté produits, Glam & Chien propose une large gamme bio : shampoing pour peaux sensibles, shampoing antidouleur, après-shampoing brillance, lotion contour des yeux, lotion nettoyante pour les oreilles, lotion parfumée, même un bain de boue (conseillé pour les chats habitués à l'eau). Vous trouverez aussi des produits pour l'alimentation, le transport, le confort, ainsi que des jouets.

Chat Mallows Café

30, rue des Volontaires, 15e • M° Pasteur

Ouvert du mercredi au dimanche de 12h à 21h
Réservation obligatoire en ligne

chatmallowscafe.com

SALON DE THÉ FÉLIN ET NIPPON • Avec sa déco *kawaï* aux tons pastel, Chat Mallows Café a des airs de bars à chats japonais. Ici, les quinze minous d'origines et de races diverses sont les maîtres des lieux. Les locaux sont totalement adaptés aux matous et à leur bien-être : ils peuvent s'amuser sur des arbres à chat perchés, mais ils n'ont pas accès à la zone de cuisine pour des raisons d'hygiène. La salle est équipée d'un système de VMC qui crée un circuit d'air maintenant une température idéale tout en évitant les odeurs. Côté gourmandise, en plus des planchas et des tortillas, vous pourrez vous faire plaisir avec des douceurs sucrées... qui portent les noms des chats de la maison.

Chats comme Chiens

72, rue Saint-Charles, 15e • M° Charles-Michels • Tél. 01 45 77 05 07

Ouvert du mardi au samedi de 10h30 à 19h30

Toilettage : entre 60 € et 90 € (chèques non acceptés)

chatscommechiens.com

SPA, PAS S.P.A. ! • Dans cette véritable caverne d'Ali Baba, vous trouverez jouets, litière, colliers, alimentation, paniers, sacs de transport, mais aussi brosses et produits antiparasitaires. Croquette sur la pâtée, le toilettage est assuré – avec une grande douceur – par Alain Treins, passionné de cet art depuis ses 14 ans, professeur et juge de toilettage, médaillé en France et à l'étranger. Alain joue des ciseaux du mardi au samedi les semaines impaires de chaque mois. Le petit plus : un Jacuzzi et une table de massage adaptés à nos petits compagnons.

Paris Animal Show

Paris Expo Porte de Versailles, 1, place de la Porte-de-Versailles, 15e
M° Porte-de-Versailles

Ouvert de 10h à 18h

Adulte : 14,00 €, • Enfant 6-11 ans : 8,00 €, moins de 6 ans : gratuit

parisanimalshow.fr

CATWALK FÉLIN SOLIDAIRE • Parce que nos amis les chats aiment être flattés, ils ont la possibilité de se déhancher sur le podium de ce salon pour nous faire craquer et trouver une nouvelle famille. Paris Animal Show est le premier salon à organiser chaque année un défilé destiné à favoriser l'adoption. Un concept solidaire parrainé par de nombreuses personnalités comme Laetitia Barlerin, Gérald Ariano, Katia Renard, Sandrine Arcizet ou Jérôme Le Banner. Au hasard des allées, vous pourrez découvrir tous les produits et innovations animalières, contempler les plus belles races félines auprès des éleveurs et même acheter sur place ! Des animations et ateliers autour du bien-être de l'animal sont également organisés par des experts. L'occasion de partager une journée en famille ou entre amis avec de nombreux chiens, chats, reptiles et poissons.

Papatte et Coussinet

2, rue Auguste-Chabrières, 15e • M° Porte-de-Versailles
Tél. 01 56 36 02 38

Ouvert le mardi de 9h30 à 13h et de 15h30 à 19h,
mercredi, jeudi et vendredi de 13h à 19h et le samedi de 13h à 18h

papatteetcoussinet.fr

DU BIO POUR PAPILLES AVERTIES • Ici, les produits alimentaires pour chats et chiens sont garantis 100 % naturels et bio : sans maïs, sans gluten de blé, sans farines animales, sans colorant ni huile recyclée. Parmi les marques représentées, on citera Go Natural, Now, Enova ou Golden Eagle. Tous les aliments présentés en rayon ont été préalablement validés par des analyses toxicologiques élaborées par des laboratoires indépendants. Une adresse à garder sous la patte pour maintenir son matou en pleine forme ! Le plus : commandez en ligne sur le site, vous serez livré à domicile.

Les Animaux de Paris

91, rue de la Pompe, 16e • M° Rue-de-la-Pompe
Tél. 01 45 53 53 77

Ouvert du mardi au vendredi de 10h à 19h
et le samedi de 10h30 à 19h30

lesanimauxdeparis.fr

AUX BONS SOINS DES ANIMAUX • Vous voulez un chaton, mais n'êtes pas sûr du choix de la race ? Cette animalerie de quartier est faite pour vous. Les vendeurs qualifiés prendront en compte vos attentes, sauront vous guider et vous conseiller même une fois chez vous. Vous pourrez aussi acheter les accessoires de base sur place. Les animaux proposés sont tous issus d'élevages 100 % français, et la caractéristique de chaque race se trouve expliquée sur le site. Ici, les animaux sont traités avec amour : ils ne sont pas entassés, ne restent pas longtemps sur place, sont bien nourris, correctement socialisés, sevrés et en bonne santé. Il suffit d'y aller, de choisir et de repartir avec son minou dans son panier, la boutique s'occupe du reste !

La Tour Câline

129, rue Lauriston, 16e • M° Trocadéro
Tél. 01 45 05 54 25

Ouvert du lundi au samedi de 8h30 à 20h

Toilettage chat : 69,80 €

latourcaline-toilettage-paris.fr

PAUSE BALNÉO • Voici un des rares salons qui accueillent toutes les races de chats sans exception. À La Tour Câline, le toilettage est systématiquement assuré par deux toiletteurs en même temps, et vous pouvez même y assister ! Les professionnels savent s'adapter à vos demandes : coupe de griffes, brossage, démêlage, tonte partielle ou totale, tout est possible. Pour protéger sa peau fragile, offrez à votre chat un soin à la coco qui facilite le démêlage, ou un soin à la protéine de soie pour apporter brillance et douceur à sa fourrure. Ronrons de bonheur et fierté assurés ! Vous trouverez également dans la boutique une collection d'accessoires de qualité pour chat (coussins, paniers, sacs de transport, jouets, griffoirs, arbres à chat...).

Pets Sweet Home

10, rue Guichard, 16e • M° Passy • Tél. 09 54 68 74 02

Ouvert du mardi au samedi de 10h à 19h

pets-sweet-home.com

BIENVENUE CHEZ VOUS • Dans cette boutique aux allures de maison, vous passez de pièce en pièce, chaque salle étant consacrée à une famille de produits pour animaux. Dans l'entrée, la sellerie, puis la pièce réservée aux jouets, le salon avec les coussins (mention spéciale pour les sublimes paniers tressés à base d'herbe à éléphant), la cuisine présentant l'alimentation et les friandises, la salle de bains pour l'hygiène, et le bureau dans lequel on accède aux services. Les vendeurs, passionnés et accueillants, sont toujours de bon conseil, et, si vous cherchez un produit qu'ils n'ont pas en boutique, ils le commandent avec plaisir. Le plus : un service de location pendant trente minutes d'une cabine aménagée avec une baignoire professionnelle réglable en hauteur, shampoing, serviettes et séchoir fournis. Tout pour laver votre boule de poils !

Harcourt, Studio Paris

6, rue de Lota, 16e • M° Victor-Hugo ou Rue-de-la-Pompe
Tél. 01 42 56 67 67

Du lundi au samedi de 10h à 18h

studio-harcourt.com

UN PORTRAIT HORS DU TEMPS • Le studio photographique Harcourt cultive depuis 1934 les codes qui ont fait sa renommée : utilisation du noir et blanc, maîtrise du clair-obscur, atmosphère qui rappelle le cinéma des années 1920. Ici, même vos félins peuvent prendre la pose, seuls ou en votre compagnie, afin de conserver pour toujours le souvenir de votre tendre complicité. Vous pourrez choisir entre deux options : le portrait Instant (photographie en noir et blanc, remise d'un tirage d'art 18 x 24 cm, 800 €) ou le portrait Prestige (photographie en couleur ou noir et blanc, remise d'un tirage d'art 24 x 30 cm sous marie-louise, 1 500 €). Faites-vous plaisir lors d'une séance photo inoubliable, qui vous fera goûter au luxe à la parisienne !

COFFRET CADEAU POUR MATOUS GÂTÉS

Vous aimez les surprises autant que votre chat ? Faites-lui plaisir en lui offrant, chaque mois, un coffret comprenant six produits adaptés. Pour cela, rien de plus simple : il vous suffit de vous créer un compte, de définir le profil de votre félin (style de poil, âge, stérilisé ou pas), puis de choisir une formule : trois, six, douze mois ou mensuelle. Le coffret contient friandises, nourriture, produits d'hygiène et de soins, accessoires, jeux d'adresse et jouets à câliner, minutieusement sélectionnés par les experts Miaoubox. L'abonnement mensuel coûte 19,90 €, pour une valeur de produits présents dans la box équivalente à 40 €.

MIAOUBOX

01 84 80 07 59
contact@miaoubox.com
miaoubox.com

Au Chien Parisien

14, rue Bois-le-Vent, 16ᵉ • M° La Muette
Tél. 01 45 25 89 15

Ouvert du mardi au vendredi de 14h à 18h30 et le samedi de 14h à 18h

au-chien-parisien.fr

SHOPPING ET ÉCHANGE • Après avoir été assistante vétérinaire, comportementaliste, puis responsable d'animalerie, Agatha a créé sa propre boutique, Au Chien Parisien. Elle prend soin de sélectionner les meilleurs articles pour chats, chiens... et maîtres. Avec des marques comme Bobby, Danish, Da Vinci, ou Milk and Pepper, vous y dénicherez accessoires, sellerie, coussins, prêt-à-porter ou jouets. Côté alimentation, Agathe a opté pour Almo Nature, Carnilove, Edgard Cooper, Farmina, Hill's ou Lily's Kitchen et pourra vous conseiller sur l'alimentation la mieux adaptée à votre chat (sans céréales, ou bio). Parce que le concept de sa boutique se base sur le partage de son expérience et la transmission de ses connaissances sur la relation homme-animal, ici vous pourrez échanger autour du bonheur de votre minou ! Agathe propose également un service de coaching en comportement félin sur rendez-vous.

Le Paris Canin

123, rue des Dames, 17e • M° Villiers
Tél. 06 61 24 54 29 ou 09 81 74 34 32

Ouvert du lundi au samedi de 9h30 à 19h30

lepariscanin.fr

ALIMENTATION AU TOP • Cette animalerie est tenue par un amoureux des chiens, mais se révèle aussi *cat friendly*. Vous y trouverez plein d'accessoires adaptés à votre minou : jouets, balles, grattoirs, litière, soins, accessoires de toilettage, gamelles, distributeurs, paniers et couchages. Mais surtout de la bonne nourriture BARF (*biologically appropriate raw food*) des marques Atavik et Orijen. Cette dernière est une marque de croquettes canadienne, à base de viandes fraîches et riches en protéines, pour la bonne santé de votre chat. Les croquettes Atavik sont *made in France*, 100 % naturelles, sans céréales, ni gluten, ni colorant, ni conservateurs ou arômes artificiels, et la livraison à domicile est possible en région parisienne.

ACCESSOIRES TRENDY POUR CHATS COOL

UN CHIEN SUR LA TOILE

Ce site propose un choix d'articles particulièrement originaux, pour chiens comme pour chats. Vous y trouverez par exemple l'adaptateur pour robinet "Gurgle", qui permet à votre matou de boire de l'eau fraîche directement au robinet, ou la gamelle de poche double et pliable, très pratique en voyage. Autre bonne idée : les peluches rechargeables avec de la cataire (herbe à chat) dans une poche fermée, pour de folles séances de jeux. Si vous avez un "chaventurier" vadrouilleur, la médaille à QR Code est pour vous : elle vous permettra de le retrouver s'il s'égare. Découvrez aussi l'abreuvoir malin adaptable à une bouteille ou les tapis thermiques et autochauffants... Côté repos, une belle sélection de cachettes design en forme de dôme, de cocon ou de tunnel. Enfin, on craque pour le hamac origami, une nacelle qui s'accroche sous une chaise, et pour les maisonnettes en carton pastel, avec portes et fenêtres qui s'ouvrent : voilà un poste d'observation parfait !
unchiensurlatoile.com

Star Animal

152, rue Championnet, 18e • M° Jules-Joffrin
Tél. 06 51 45 54 99 • mail@philippetyberghien.com

Showroom sur rdv

staranimal.net ou philippetyberghien.com

PORTRAITS ANIMALIERS ANTHROPOMORPHIQUES • Philippe Tyberghien, artiste et graphiste passionné d'animaux, propose des portraits digitaux d'après photo d'une grande finesse. Après avoir choisi votre style (peinture classique ou portrait contemporain), vous sélectionnez un thème : historique, romantique, pirate, studio, *urban jungle*. Philippe adapte la photo de votre chat jusqu'au dernier poil et ajoute même les craquelures, pour créer notamment un effet de peinture à l'huile ancienne. La commande se fait en ligne, tout y est très clair : on a le choix entre quatre formats (30 x 40 cm, 45 x 60 cm, 50 x 70 cm ou 60 x 80 cm), tirage sur papier ou impression sur toile, et les prix varient de 169 € à 310 €. Philippe se charge de la réalisation à la tablette graphique... Si vous prenez rendez-vous, dans son showroom, Philippe se fera un plaisir de partager son savoir-faire et vous conseillera au mieux. Engagé dans la protection animale, l'artiste reverse 10 € de chaque commande à la fondation Brigitte-Bardot.

Gwendog

22, rue Custine, 18e • M° Château-Rouge
Tél. 01 83 97 10 70

Ouvert du mardi au vendredi de 10h à 18h et le samedi de 9h à 19h

gwendog.fr

UN TOILETTEUR À MONTMARTRE • Votre minou a besoin de se faire une beauté ? Voici un toiletteur *cat friendly* situé derrière la butte Montmartre. Poil long, poil ras, ici tous les minous sont les bienvenus et bénéficient d'un service de qualité de la tête aux pattes : soin des yeux et des oreilles, coupe des griffes, entretien des coussinets, brossage et démêlage des bourres de poils... Et, pour entretenir le résultat à la maison, vous pourrez y acheter des produits d'hygiène et antiparasitaires. Côté animalerie, Gwendog propose de nombreux accessoires d'intérieur et d'extérieur, ainsi qu'une gamme de croquettes sans céréales. Bien-être félin assuré ! On apprécie le service de litière Perlinette en silice disponible en vrac : achetez votre emballage une seule fois, plus de gaspillage, votre chat contribue aussi à l'écologie !

Half & Ilya

15, rue Gabriel-Péri, 92300 Levallois-Perret • M° Louise-Michel
Tél. 06 05 89 83 82

Ouvert du mardi au samedi de 10h30 à 19h

Instagram : half_ilya_petshop

CONCEPT STORE NATURE • C'est parce que Marie, la propriétaire, maîtresse des cockers Half & Ilya, n'était pas satisfaite de l'offre des boutiques pour animaux qu'elle a créé ce concept store pour chiens et chats. Dans une ambiance nature, vous trouverez des accessoires plus design et sophistiqués qu'ailleurs : colliers, arbres à chat, gamelles, griffoirs, sacs de transport, paniers, tipis, plaids, coussins, jouets, notamment des marques Hunter et Milk & Pepper. Le point de vente distribue également Atavik, une marque française de croquettes et pâtées garanties 100 % sans céréale selon la méthode BARF, et qui propose une nourriture saine à base de viande, poisson, fruits et légumes, sans produits chimiques. Donnez à votre minou de l'amour au naturel jusque dans sa gamelle !

Cocoon Paris

25, rue des Coquelicots, 92140 Clamart • T6 Soleil-Levant
Tél. 06 70 56 70 05

Showroom sur rdv

cocoon-paris.fr

POUR DES SIESTES AU CHAUD • Les créateurs de Cocoon Paris, un couple franco-népalais, ont allié le savoir-faire du feutre, tradition du Népal, au goût français. Pour le plus grand plaisir de nos matous, ils ont conçu une ligne de couchage 100 % naturel en laine de mouton et poil de yack du Népal. Les cocons ont une forme d'igloo, épuré et chic, et servent de lit, de maison, de cachette... Chaque pièce est unique et sans couture, teintée avec des colorants naturels, et fabriquée à la main dans l'atelier népalais de la marque. Sa forme circulaire permet de diffuser la chaleur de l'animal à l'intérieur et ainsi d'augmenter la température. Les cocons sont légers, lavables en machine et faciles à transporter.

DU MOBILIER DESIGN ET ADAPTÉ

Meyou Paris

MEYOU PARIS

Meyou Paris, une jeune marque française, propose une gamme de mobilier pour chat réconciliant les besoins de nos compagnons félins avec les goûts de leurs maîtres esthètes. Son design subtil puise son inspiration dans le style scandinave. Il allie des lignes courbes et droites avec des matériaux nobles qui créent un cocon raffiné pour nos chats, et s'intègre parfaitement dans les intérieurs les plus chics. Les meubles de Meyou Paris sont parfaits pour tout chat qui souhaiterait s'isoler au calme, surtout si vous avez des enfants. Leur forme permet de conserver la chaleur à l'intérieur, et votre matou s'y sentira en sécurité... Le Cocon, le produit phare, est un trois en un : terrain de jeu, griffoir et espace de repos. La sphère se vend seule ou avec deux socles possibles : un cube en métal et hêtre, ou un support style chaise longue en bois et métal. Le Cocon se décline en sept couleurs, comptez 129 €, 160 € ou 210 € selon la structure.

meyou-paris.com

LE PONT À CHAT

On le sait, les chats chérissent leur indépendance et aiment se tenir en hauteur ! Le Pont à Chat l'a bien compris. Ces créateurs français de meubles personnalisables pour animaux vous proposent de gagner de l'espace tout en occupant la hauteur de vos murs, afin d'offrir à votre félin un territoire rien que pour lui. Cabanes perchées avec vitre en Plexiglas, plates-formes pour faciliter le déplacement de votre félin, ponts suspendus à la Indiana Jones pour ajouter une touche d'aventure, hamacs, griffoirs suspendus, modules avec gamelles intégrées... Tout est fabriqué

Le Pont à Chat

sur place, avec des matériaux de qualité. Vous pourrez choisir parmi neuf packs (de 169 € à 1 000 €) ou imaginer sur mesure le parcours idéal avec les conseils des créateurs. Vente exclusive en ligne, livraison partout en France.
Tél. 09 83 38 11 60
lepontachat@gmail.com
lepontachat.com

Kaachaça

KAACHAÇA

La fondatrice de Kaachaça, Andréa Decaudin, ex-journaliste radio et télé, est passionnée d'animaux et de décoration d'intérieur. Elle a imaginé avec le designer français Tim Defleur le produit phare de la marque, le Wood Lodge. Il s'agit d'un abri en contreplaqué, très facile à monter, possédant un toit amovible en laine de mérinos qui sert aussi de griffoir... Votre canapé est enfin sauvé ! En plus, la laine mérinos est reconnue pour ses qualités en matière d'absorption des odeurs. Le design a un prix : 249 €. Tous les produits sont fabriqués localement et en série limitée, afin de valoriser le savoir-faire français.
Tél. 06 68 29 43 71
kaachaca@gmail.com
kaachaca.com

LE TRÈFLE CRÉATION

Le Trèfle Création est une entreprise française spécialisée dans les arbres à chat sur mesure. Dans une démarche écoresponsable, leurs artisans redonnent une seconde vie au bois en réalisant à la main des pièces uniques, pour le plus grand plaisir des griffes de vos matous. Selon l'essence utilisée (bois flotté, chêne, bois exotique), vous pourrez choisir parmi plusieurs styles de structure. Chaque pièce est personnalisable avec des motifs gravés ; elle est peinte à la main, et vous pourrez choisir les plateaux ou nids recouverts de fourrures douces aux couleurs assorties, les cordes et même les lumières pour des effets sophistiqués... Jetez un œil à la galerie des créations avant de commander une pièce unique, à l'image de votre matou !
Tél. 07 77 34 39 50
letreflecat@gmail.com
letrefle-creation.com

Le Trèfle Création

Animal Expo & Animalis Show

Parc floral, 94300 Vincennes • M° Château-de-Vincennes

Début octobre • Ouvert de 10h à 18h

Plein tarif : 15 € • Enfant 6-12 ans : 10 €, moins de 6 ans : gratuit

animal-expo.com

FÉLIN POUR L'AUTRE • Avec 15 000 m^2 et une fréquentation de 50 000 personnes sur deux jours, ce salon est le plus grand salon animalier de France. Vous y retrouverez plus de 10 000 animaux, dont 800 chats. Si vous voulez en apprendre davantage sur votre boule de poils, vous pourrez assister pendant tout le week-end à des conférences thématiques animées par des vétérinaires sur le bien-être de votre animal. Ce sera aussi l'occasion de découvrir des élevages et des races rares lors des concours félins, avec remise de prix. Si vous n'avez pas encore de compagnon ronronnant, vous pourrez craquer et en adopter un sur place. Plus de 30 refuges de protection animale sont présents, ainsi qu'un centre d'adoption et des éleveurs.

TOUT POUR LES CHATS VIP

Sur lemaitredeslieux.com, vous trouverez des produits chics et haut de gamme. Maisons de toilette, arbres à chat design, niches d'intérieur, grattoirs... Le tout issu de marques pointues comme Pettel, MiaCara, Howlpot, Homycat, Sleepypod. Toutes les références présentées respirent le bon goût, comme le Sleepypod mobile, un produit américain trois en un (panier, boîte de transport et siège auto), ou les paniers écoresponsables MiaCara, conçus à partir de bouteilles en plastique recyclées. On craque pour une niche d'intérieur signée Pettel, en frêne massif, au design minimaliste avec une touche Art déco, fabriquée à la main par un ébéniste. Mais cet élégant espace félin privé a un coût : 399 € !

LE MAÎTRE DES LIEUX

Tél. 01 46 02 82 97
lemaitredeslieux@hotmail.com
lemaitredeslieux.com

2

Acheter ou adopter un chat : élevages et associations

Vous êtes prêt à partager votre vie avec une boule de poils ? Si vous n'avez pas dans votre entourage un ami qui cherche à donner un chaton, trois options s'offrent à vous : les animaleries, les chatteries ou les associations d'adoption. Mais n'oubliez pas, c'est souvent le minou qui vous choisira, faites confiance au feeling félin !

Animalerie du Pont-Neuf

18, quai de la Mégisserie, 1er • M° Pont-Neuf
Tél. 01 42 36 42 01

Ouvert tous les jours de 10h à 13h, sur rdv l'après-midi

ANIMALERIE MYTHIQUE • Cette institution située en bord de Seine, sur le célèbre quai de la Mégisserie, fournit depuis plus de soixante ans les Parisiens en animaux de compagnie. La dernière animalerie du quai est malheureusement devenue une attraction pour touristes, où le bien-être des bêtes ne semble pas vraiment être au cœur des préoccupations des propriétaires. Même s'ils sont suivis par un vétérinaire, les animaux y sont exposés dans des cages, pas toujours dans de bonnes conditions d'hygiène ni de santé, et leur âge et leur origine ne sont pas très clairs… Et côté tarifs, le prix des chats est plus élevé que dans les élevages français. Mais on s'y rend plus pour la balade…

Purr Obscure

1er • purrobscure@gmail.com

purrobscure.com

CHATS RARES ET PRÉCIEUX • Beauté, exotisme et étrangeté féline sont les maîtres mots de cet élevage hors du commun. Ici, vous trouverez des chats rares, comme des sphynx, foldex, elf (sphynx exotic aux oreilles recourbées), bambino (sphynx en miniature), persan, exotic short hair aux yeux vairons. Les chatons grandissent dans la *nursery* parisienne, tandis que les aînés sont à la campagne. Chez Purr Obscure, les chats sont élevés dans un cadre familial, avec beaucoup d'amour et sans cage, ce qui leur donne un caractère très sociable et affectueux. Suivi médical sérieux, pedigree assuré, les chatons sont réservés, parfois même avant leur naissance. Si vous voulez craquer pour un de ces félins hors pair, il vous faudra signer un contrat et verser des arrhes au moment de la réservation. Les prix varient selon la rareté du chaton, la couleur des yeux et de la robe, la race… Ils peuvent aller de 1 500 € à 4 000 €. Le luxe du ronron exotique !

Abakan Forest

1, cité industrielle, 11e • M° Faidherbe-Chaligny
siberien@abakanforest.fr

abakanforest.fr

CHATTERIE DE SIBÉRIENS • Voici un concept tout à fait dans l'air du temps : une chatterie familiale qui respecte les animaux et leur rythme biologique. Ici, pas d'élevage intensif, donc pas de cage ni d'enclos, juste une famille avec ses enfants qui vit avec ses propres chattes sibériennes. Cette race, connue pour sa beauté naturelle et sa douceur, est très recherchée et souvent photographiée. Les chatons vivent en liberté dans la maison, ce qui permet de les habituer rapidement à la vie en appartement et aux humains de tous âges. En 2010, Abakan Forest a obtenu le certificat d'études techniques de l'animal de compagnie (CETAC), puis son affixe Abakan Forest auprès du LOOF (livre officiel des origines félines). Contactez-les si vous voulez savoir quand il y aura une portée. La chatterie organise aussi régulièrement des rencontres sur rendez-vous avec les sibériens pour faire découvrir cette race au grand public.

Maycoonfolie's & Maine's Fairies

137, rue Oberkampf, 11e • M° Ménilmontant
Tél. 06 42 00 42 86 • maycoonfolies@gmail.com

Chaton : à partir de 1 500 €

maycoonfolies.com

DES MAIN COONS À PARIS • Le chat main coon est la plus ancienne race naturelle nord-américaine originaire de l'État du Maine. Son poil mi-long, sa queue très touffue, ses plumets dans les oreilles et ses pommettes saillantes lui donnent un côté rustique et sauvage qui fait des ravages ! Depuis 2009, un duo passionné de la race élève des chatons chez lui : les chats reproducteurs habitent avec les femelles, choisies pour leur couleur, leur gabarit et leur caractère, afin de garantir des chatons très sociables et bien dans leurs patounes ! Si vous voulez un *coonie*, contactez les propriétaires, ils reçoivent les personnes sur rendez-vous, les soirs ou les week-ends.

Chartreux de Montempoivre

18, rue de Montempoivre, 12e • M° Bel-Air
Tél. 06 43 48 16 67 • achaveneau@gmail.com

Chaton : 1 400 €

chartreux.paris

DES CHARTREUX BIEN PARISIENS • Quel amoureux des chats n'a jamais rêvé de caresser un beau chartreux, tout en lisant un livre ? Ces minous, dotés d'yeux or cuivré et d'un pelage bleu-gris, sont à la fois chics et racés. Vous pourrez trouver des chatons auprès d'Alexandre Chaveneau, un passionné de cette race française. Après dix semaines dans son élevage familial, les chatons sont prêts à partir dans leur nouvelle famille, sevrés, vaccinés, pucés, avec leur certificat de vente et inscrits au LOOF. Il ne vous manquera plus qu'à leur préparer un petit lit douillet et à leur offrir plein d'amour et de grattouilles !

CDA - Club de défense des animaux Paris 12

Maison des associations du 12e, 181, avenue Daumesnil, 12e • M° Daumesnil
contact@cda-paris12.com

Permanences le 1er et le 3e samedi du mois de 14h à 16h
Adoption : 180 €

cda-paris12.com

ADOPTION RESPONSABLE • Vous cherchez un nouveau compagnon à quatre pattes ? Pourquoi ne pas vous tourner vers l'adoption d'un chat abandonné ? Il vous rendra mille fois plus d'amour ! L'association CDA fonctionne avec un réseau de familles d'accueil qui assurent le relais entre l'arrivée de l'animal et le moment de l'adoption. Travaillant en partenariat avec une quarantaine de cliniques vétérinaires, le CDA garantit que les chats et les chiens sont en bonne santé et sociables. L'association recueille près de 300 chats par an, et 260 en moyenne sont adoptés. Pour faire votre choix, regardez au préalable les photos des candidats sur le site, puis prenez rendez-vous avec la famille d'accueil. Prêt pour des ronrons de bonheur ?

Natte à Chats

285, rue de Vaugirard, 15e • M° Vaugirard • Tél. 01 48 28 19 84

Chaton : à partir de 2 500 €

natte-a-chats.com

« NOUS DORLOTONS NOS CHATONS, ILS VOUS LE RENDRONT » • Telle est la philosophie de cet élevage de chatons norvégiens, un des premiers à Paris. Frédéric et Patricia, éleveurs certifiés par le CETAC, tiennent cette chatterie familiale haut de gamme chez eux. Ils n'élèvent que quelques portées par an afin de fournir aux chatons le maximum d'attention. Une méthode douce pour rendre les chatons très proches des humains, et les habituer à la vie en appartement avec des enfants. Toutes les phases de sevrage sont détaillées sur le site, ainsi que le descriptif de la race, la couleur de la robe, etc. Tous les chatons sont certifiés avec un pedigree LOOF. Un conseil : si vous souhaitez acquérir un beau petit chaton norvégien, pensez à faire une réservation prénatale.

SPA

Siège social : 39, boulevard Berthier, 17e • M° Pereire • Tél. 01 43 80 40 66

Refuge Grammont, 30, avenue du Général-de-Gaulle, 92230 Gennevilliers
Tél. 01 47 98 57 40

Ouvert du lundi au vendredi de 9h à 12h30 et de 13h30 à 17h

la-spa.fr

SOLIDAIRE ET RESPONSABLE • Première association de protection animale en France, la Société protectrice des animaux recueille chaque année plus de 48 000 animaux en détresse, abandonnés, perdus ou maltraités, dans ses 64 refuges et maisons. Si vous songez à adopter un chat, direction le refuge de Gennevilliers, au nord-ouest de Paris. Le site Internet présente les chats qui attendent une nouvelle famille (chatons, adultes et seniors), mais rien ne vaut une rencontre sur place. Avant l'adoption, vous devrez remplir une fiche d'information à l'accueil du refuge et fournir une pièce d'identité et un justificatif de domicile de moins de trois mois. La participation financière est de 150 € et correspond à l'identification, la vaccination et la stérilisation de votre nouvel ami.

Classicat's Cattery

5, rue Pierre-Midrin, 92310 Sèvres • M° Pont-de-Sèvres
Tél. 06 61 75 14 63 • classicats@yahoo.fr

Chaton : environ 1 600 €

classicatscattery.com

LA DOUCEUR DU SPHYNX • Ici pas de moustaches ni de poils, mais une peau douce comme la pêche, et beaucoup de plis… Nous sommes dans un élevage familial de sphynx, une race atypique qui se distingue par son absence de poils, ses oreilles géantes, ses pattes fines et son corps ballonné. Chez Classicats, pas de cage, mais des chatons qui évoluent en toute liberté dans toutes les pièces de la maison. Les chats reproducteurs sont choisis sur certificat médical et pedigree (test de parents et grands-parents) : la chatterie travaille une même lignée depuis neuf ans ! Vous pouvez réserver un chaton avec un dépôt équivalent à 30 % du prix de vente. Les chatons sont sevrés à 3 ou 4 mois, pucés, vaccinés, stérilisés, remis avec leur pedigree LOOF certifié et leur carnet de santé. Envie de calins peau à peau ?

Paris Royal Cattery

15-1, sentier Béthisy, 93230 Romainville • Tél. 06 98 29 82 05

Chaton : entre 1 500 € et 2 350 € selon la couleur de la robe

parisroyalcattery.com

AU BONHEUR DES BRITISH LONGHAIR • Cette chatterie familiale porte bien son nom : les minous y sont élevés royalement ! Du grand salon au jardin, qui possède un chalet-maison où les chats reproducteurs peuvent grimper, prendre le soleil ou se reposer, tout y est aménagé spécialement pour eux. Pendant treize semaines, les chatons nés ici ont de quoi apprendre à bien vivre au sein de cette famille d'Aristochats. Avant de vous décider à prendre un chaton, il vous faudra venir les voir sur place, autant de fois que nécessaire. Ensuite, vous pourrez en réserver un en versant des arrhes et en signant un contrat de réservation. Sur le site de Paris Royal Cattery, vous retrouverez plein de bons conseils pour vous aider à prendre une décision. Assurer une vie agréable à un chaton pendant quinze ans a un coût, alors avant de craquer, faites vos comptes !

Joliesse British Chatterie

14, avenue Antoine-Quinson, 94300 Vincennes • M° Bérault
Tél. 06 66 27 92 81 • contact@joliessebritish.com

Chaton : 1 400 €

joliessebritish.com

ON FOND POUR LES CHATS RONDS • Tout en rondeur de la tête aux pattes, doté d'un poil soyeux et de grands yeux qui vous font fondre, le british shorthair a des airs de nounours. Comment ne pas vouloir le câliner ? Vous craquerez pour les chatons de Zakia, qui est devenue éleveuse chez elle. Les reproducteurs sont ses propres chats, ils partagent sa vie et sa maison, ce qui facilite la sociabilisation des chatons. Zakia privilégie la qualité à la quantité pour leur offrir une vie sereine, aussi le nombre de portées est-il limité. Ses british sont issus de lignées prestigieuses soigneusement choisies et sont essentiellement de couleur bleue et lilac en uni, bicolore et tortie. Tous ses chatons ont le pedigree LOOF. La réservation de l'un d'entre eux se fait par la signature d'un contrat et le versement d'un acompte. L'attente en vaut bien le ronron !

Siber Mosco Vita

94300 Vincennes • M° Château-de-Vincennes
Tél. 06 43 52 83 32 • sibicat@ymail.com

Chaton : 1 200 €

chat-siberie.fr

DE MOSCOU À PARIS • Le chat sibérien est un magnifique chat à poil mi-long originaire des confins de l'Oural. Faiblement doté en protéines Fel D1, il est naturellement hypoallergénique. Amoureuse de cette race, Vita a créé cette chatterie familiale qui accueille en permanence six chats moscovites. Ceux-ci ont plusieurs portées à l'année et cohabitent avec les autres chatons de la maison. Dès treize semaines, une fois vaccinés et équipés d'une micropuce, ils sont prêts à quitter la chatterie avec leur pedigree délivré par la LOOF et leur contrat de vente. Vous trouverez les photos des nouveau-nés sur le site de Vita, de quoi craquer ! Pour réserver, il vous faudra verser un acompte de 400 €.

La Chatterie de l'Étoile Neva

Rue du Général-Malleret-Joinville, 94400 Vitry-sur-Seine
RER Les Ardoines

Chaton : entre 1 700 € et 2 200 €

siberien-etoileneva.com

LE SIBÉRIEN, IDÉAL POUR PERSONNES ALLERGIQUES • Marie-Laure et Mario, les créateurs de cette chatterie, habitent à Joinville avec leur bébé et leurs dix sibériens neva masquerade – qui portent tous des noms de personnages de manga. Les chatons (une portée par an) grandissent dans la maison, ce qui les rend très sociables et affectueux. Dès qu'ils atteignent un kilo et ont fini leur sevrage (à trois mois), ils sont prêts à rejoindre leur nouveau foyer. Il va sans dire qu'ils sont vaccinés, stérilisés, possèdent un carnet de santé et leur pedigree LOOF. Pour réserver un chat, vous devez préalablement visiter la chatterie et avoir le coup de foudre pour votre futur compagnon. Sachez que si vous avez des soucis d'allergie, cette race de chat est faite pour vous, car les sibériens sont naturellement hypoallergéniques (la chatterie propose des visites d'une heure gratuites *in situ* pour tester votre niveau d'allergie).

Les Chatons de Gigi

94600 Choisy-le-Roi • RER Choisy-le-Roi
Tél. 07 83 93 86 18 • les.chatons.de.gigi@gmail.com

Chaton : environ 1 300 €

leschatonsdegigi.wixsite.com

BEAUTÉ ET DOUCEUR • À dix minutes de Paris, cette petite chatterie élève avec beaucoup d'amour de magnifiques chatons british shorthair et longhair. Cette race se caractérise par un pelage chaud et soyeux, une tête imposante et arrondie, et de grands yeux or ou bleus. Côté robes, on a le choix : bleu, black, chocolat, lilac, colorpoint, tabby, silver tabby ou bicolore. Pour vous aider au moment de l'adoption, vous trouverez sur le site des conseils utiles, ainsi qu'une estimation des dépenses annuelles qu'entraînera cette décision. Dès que le chaton est réservé, vous recevez toutes les semaines des nouvelles et des photos de votre futur copain de câlins. Tous les chatons quittent la chatterie avec leur certificat vétérinaire, leur carnet de santé, leur puce électronique et leur certificat LOOF. Prêts pour commencer une nouvelle vie auprès de vous.

DEUX ASSOCIATIONS POUR OFFRIR UNE NOUVELLE VIE À UN CHAT ABANDONNÉ

ASSOCIATION 9 LIVES PARIS

L'association 9 Lives Paris recueille les chats errants ou sortis de fourrière, les soigne, puis leur cherche un foyer. Ne disposant pas d'un espace physique pour créer une chatterie, elle fonctionne avec un réseau de familles d'accueil. C'est dans ces foyers provisoires que les matous se socialisent à nouveau afin d'intégrer au mieux leur future famille. L'association prend en charge les soins nécessaires au bien-être de chaque chat, et procède même à des visites post-adoption pour s'assurer du bonheur de ses petits protégés. Si vous songez à adopter un félin, vous pouvez consulter en amont sur le site les fiches des chats en attente d'adoption, histoire de patienter avant de rencontrer votre coup de cœur poilu !

Paris et Île-de-France
asso@ninelives.fr
ninelives.fr

ASSOCIATION SAUVE

SAUVE est une association parisienne qui existe depuis trente ans grâce à l'obstination passionnée de sa présidente Marie-Claude. Sa mission ? Recueillir des chats maltraités, torturés ou abandonnés, les bichonner et leur offrir une nouvelle vie au sein de l'association ou dans une famille d'accueil. Entre-temps, SAUVE se charge de les soigner, de les tatouer, de les stériliser, de les vacciner et de les tester FIV/FeLV. En attendant d'être adoptés, les chats évoluent en toute liberté dans une grande maison avec cour. L'association sauve ainsi en moyenne une centaine de chats par an.
Le site présente les photos et descriptifs des chats prêts à être adoptés. Contactez SAUVE par e-mail, et la présidente vous accordera un rendez-vous pour faire connaissance avec votre futur matou ! Qui sera l'heureux élu ?

contact@association-sauve.com
association-sauve.com

3

Prendre soin de son chat et le faire garder : comportementalistes, pensions et *cat-sitters*

Parce que vous aimez tendrement votre chat, vous feriez tout pour son bien-être. Savez-vous qu'il existe à Paris des "psycho-chats" que vous pouvez consulter en cas de souci de comportement ? Et de nombreux services de *cat-sitting* auxquels faire appel quand vous partez en vacances ?

C4V

59, rue Notre-Dame-des-Champs, 6e • M° Notre-Dame-des-Champs
Tél. 01 43 25 06 00

Ouvert du lundi au vendredi de 10h à 19h30 et le samedi de 10h à 19h

Autres adresses sur le site nutrition-veterinaire.com

PARAPHARMACIE VÉTÉRINAIRE • L'hygiène et les soins réguliers garantissent à votre compagnon une qualité et une espérance de vie optimales. C'est pour cette raison que vous allez adorer C4V, un réseau de centres de forme et de bien-être pour animaux créé par des vétérinaires. Cette parapharmacie propose un grand choix de produits (nutrition diététique, mode et accessoires dont tapis de sol, couffins, fontaines à eau, harnais) et de nombreux articles que vous ne trouvez d'habitude que chez les vétérinaires. Hygiène bucco-dentaire, compléments alimentaires, homéopathie, cosmétologie, dermatologie, soutien articulaire, antiparasitaires, vitamines et soins du pelage : tout y est, pour le bonheur de votre matou ! Le plus : l'accueil est assuré par des assistants vétérinaires, toujours à l'écoute, souriants et de bon conseil.

TOC-TOC, C'EST LE VÉTO !

DR MILOU

Parce qu'un animal est moins stressé dans son environnement habituel, la plate-forme digitale Dr Milou, créée par des vétérinaires français, a pour vocation de mettre en relation les propriétaires d'animaux avec des spécialistes. Ils offrent des conseils vétérinaires par téléphone 7 jours sur 7 et 24 heures sur 24 (15 €) ou des consultations à domicile sur rendez-vous, du lundi au samedi de 8 heures à 20 heures (à partir de 69 €). Le meilleur du soin sans bouger une oreille... Oubliez la galère du panier de transport, votre chat vous en remerciera !

drmilou.fr

SOSPETS

Par ailleurs, l'application gratuite SOSpets vous aide à trouver immédiatement le vétérinaire le plus proche chez vous. Elle propose aussi de vous y conduire par GPS ou avec un taxi animalier. Urgences médicales 7 jours sur 7 et 24 heures sur 24.

sospets.fr

Two Tails

199, rue de Grenelle, 7e • M° École-Militaire • Tél. 01 45 33 65 71

Ouvert du lundi au samedi de 10h à 18h et le dimanche de 10h à 14h

Visite en semaine : 16 € • Visite le week-end : 20 €

twotails.fr

VISITE TOUT EN UN • En plus de ses deux boutiques parisiennes et de son e-shop, Two Tails propose un service de garde de chat à domicile. Vous pouvez partir et leur laisser votre matou en toute confiance, une équipe de *cat-sitters* formés, certifiés CCAD et assurés se déplace chez vous pour prendre soin de votre chat. Ils le nourrissent, renouvellent l'eau, filtrent sa litière, prennent du temps pour jouer avec lui et le câliner à votre place. Mais les *cat-sitters* de Two Tails pensent aussi à vous : à la fin de la visite, ils envoient au maître une photo et un bref compte rendu. Bon à savoir : ces professionnels peuvent également arroser les plantes et relever le courrier à la demande. Service disponible 7 jours sur 7 à Paris et dans quelques villes limitrophes. Pour les soins extra et brossage, comptez 5 € de plus par visite.

Aristide

11, rue Ambroise-Thomas, 9e • M° Cadet •Tél. 01 42 46 86 46

Ouvert du mardi au samedi de 12h à 14h et de 15h à 19h, le dimanche soir et le lundi soir sur rdv

Prix moyen : 40 €/jour en chambre individuelle (prix dégressifs, pass *frequent traveller*)

aristide-hotel.com

HÔTEL POUR FÉLINS URBAINS • Vous partez en vacances, et minou ne peut pas venir ? Offrez-lui ses propres vacances ! Plus qu'un hôtel, Aristide est une sorte de Club Med félin en plein Paris. Ici, tout a été conçu pour le bonheur des chats lors de l'absence de leurs maîtres. Au programme, les conseils de comportementalistes félins et, sur place, les soins de *cat-sitters* qualifiés, 7 jours sur 7. Ni cage, ni box, ni grillage, les chambres sont de beaux terrains de jeu en trois dimensions, avec perchoirs, griffoirs, coussins doux et hamacs, fontaine à eau... Les chats sociables seront fous de la Playroom, un grand espace de jeu commun avec roue fitness, tunnels, laser interactif, escaliers et postes d'espionnage en hauteur... De quoi se maintenir en forme. Côté alimentation, Aristide a prévu des menus sur mesure selon les habitudes alimentaires de votre chat. Minou peut même être déposé en taxi, et l'on peut vous envoyer de ses nouvelles par MMS.

Le Moustache Pension

10, rue Raymond-Aron, 13e • M° Quai-de-la-Gare • Tél. 06 70 57 85 91

Ouvert toute l'année

28 €/jour/chat

lemoustachepensionparis.fr

LIBERTÉ SURVEILLÉE • Après avoir créé une version parisienne des Neko Cafés japonais, les sœurs Alice et Amélie ont transformé leur espace en pension chat-leureuse. Face à la BnF, vos matous seront accueillis pendant vos congés sous une grande verrière lumineuse, dans une ambiance loft design. Au programme : deux formules d'accueil, collectif dans la grande salle de jeu pour les minous sociables, ou en chambre pour les chats timides (de deux à cinq chats). Tous les espaces sont adaptés aux besoins des minous : joujoux, arbres à chat, passerelles et structures de jeu, coins douillets et multiples dodos, distributeurs de croquettes à volonté, fontaines à eau... Les chats sont en complète liberté de 9 heures à 18 heures, sous la surveillance du personnel qualifié. La demande de réservation se fait sur le site par l'intermédiaire d'un formulaire. Confort, tranquillité et siestes au soleil assurés !

Motelamatou

19, rue Borromée, 15e • M° Volontaires • Tél. 01 42 73 63 28

Ouvert 7j/7, arrivées et départs entre 10h et 12h

Nuitée pour un chat : 25 € • Nuitée pour deux chats : 40 € • Sur réservation

matous.fr

MOTEL FAMILIAL • Présidente de l'association Photomatou, ancienne rédactrice en chef du magazine *Nos Petits Amis*, collaboratrice pour le magazine *Côté chat*, Fabienne Champarnaud, la responsable, a de l'expérience féline sous la patte... Elle a ouvert en 2004 ce motel à matous chez elle, dans un loft-souplex de 175 m^2. Les chats ont vue sur le logement de Fabienne, ce qui leur permet de ne pas se sentir seuls et d'être toujours surveillés. Côté chambres, Motelamatou dispose de vingt box de 2 mètres, conçus comme des petits deux-pièces, avec deux étages et quatre espaces, comprenant litière, eau et coin douillet pour des siestes félines. Les chats non agressifs peuvent se promener à tour de rôle côté pension dans un espace de 50 m^2 réservé à leur bonheur, avec jeux, accessoires et fil musical, histoire de garder les bêtes au calme.

Arbre à Chats

31, rue d'Alleray, 15ᵉ • M° Vaugirard
Tél. 01 88 24 37 20

1 nuitée : 40 € • 3 nuitées : 118,50 € • 10 nuitées : 385 €

arbreachatparis.com

DÉPAYSEMENT POUR CHATS CITADINS • Un déplacement pro imprévu, et votre voisin ne peut pas s'occuper de votre chat ? Pas de souci, l'hôtel félin Arbre à Chats est là pour prendre soin de lui ! Celui-ci dispose de 24 chambres cosy, équipées chacune d'une fontaine à eau filtrante, d'un circuit d'étagères en bois façon arbre à chat, d'une couchette en matière naturelle (coton ou laine bouillie), d'une litière agglomérante pour éviter les odeurs et d'un hublot pour espionner dehors... La canopée est une vaste et lumineuse salle de jeu commune, avec plein d'activités : accrobranche, pêche en cascade, cache-cache ainsi que des coins douillets pour se reposer. Ici tout le mobilier a été conçu pour le bien-être des chats suivant leurs besoins physiologiques, étudiés avec des comportementalistes. Confort et santé des hôtes à poils assurés !

La Chabane

23, allée Robert-Besson, 93390 Clichy-sous-Bois
RER Villemomble-Montfermeil
Tél. 06 20 77 03 94 • pension.lachabane@gmail.com

À partir de 15 €/jour

la-chabane.fr

PENSION FÉLINE À L'ESPRIT ÉCOLOGIQUE • Située à vingt minutes de Paris, La Chabane est le lieu idéal pour les vacances de vos chats. Ici, tout est pensé du sol au plafond pour le plaisir des matous, dans le respect de la nature – tous les matériaux utilisés sont naturels à l'instar du bois, du carton, de l'osier, de la corde et de la laine. Ainsi, les aventuriers pourront escalader sur des ponts suspendus ou grimper sur des troncs d'arbre pour se faire les griffes ; les plus timides trouveront des cachettes douillettes et profiteront d'un jardin sécurisé au soleil, parfait pour surveiller les oiseaux. Le nombre de places est limité à quinze, afin de permettre à Claudia, l'hôtesse, de bien chouchouter ses invités. Les normes de santé sont strictes pour préserver tout le groupe, et tous les pensionnaires doivent être vaccinés, stérilisés, vermifugés et déparasités. Une pension ludique et bienveillante.

CHACUN CHERCHE SON CHAT !

La mairie de Paris a conçu deux dispositifs simples et gratuits en faveur de la gestion des animaux de compagnie dans les situations d'urgence. D'une part, une carte intitulée "Un animal m'attend chez moi" qui facilite leur prise en charge en cas d'urgence médicale ou de problèmes rencontrés par leur propriétaire. Elle permet aux pompiers ou aux urgentistes de savoir que la victime a laissé un animal seul à la maison. On y indique les informations concernant l'animal, les coordonnées des personnes à prévenir. Le propriétaire doit conserver la carte sur lui en permanence. Par ailleurs, l'autocollant « J'ai un animal chez moi », à apposer sur la porte ou la fenêtre de son appartement, permet d'informer les secours qu'un animal vit dans le logement et qu'une personne de confiance peut être contactée pour s'occuper de lui.
Les PDF de l'autocollant et de la carte sont téléchargeables sur le site de la mairie.

MAIRIE DE PARIS
paris.fr/pages/les-animaux-a-paris-6287

Le Roi des Chats

Zones desservies : Paris du 1er au 10e
Visite de 20 min : 20 € • Visite de 45 min : 30 € • Service de nuit : 70 €

roideschats.fr

SIESTE, CROQUETTES ET RONRONS • Bénévole à la SPA et amoureux des animaux, Alexander est le *cat-sitter* idéal. Ce Berlinois installé à Paris depuis 2018 a même suivi un cours de premiers secours pour chats. Il se fera un plaisir de gratouiller et nourrir votre félin. Il se déplace gratuitement chez vous pour la prévisite, l'occasion de vérifier si le courant passe ou non entre lui et votre minou. Si oui, votre chat recevra des visites de trente ou soixante minutes, selon votre choix, pendant lesquelles il se fera chouchouter, nourrir, fera du sport avec son *cat-sitter*, ou la sieste sur ses genoux. Et vous recevrez un petit message à la fin de la visite avec une photo pour vous rassurer encore plus. Bonnes vacances !

Mon chat ronronne

Cat-sitter et comportementaliste féline • Tél. 06 83 40 83 04

Zones desservies : Paris 1er, 2e, 3e, 4e, 10e, 11e, 20e
Visite de 30 min : 25 € • Visite de 45 min : 32 € • Visite de 1h : 39 €

monchatronronne.com

MOINS DE STRESS, PLUS DE BIEN-ÊTRE ! • Telle est la philosophie de Céline, *cat-sitter* et comportementaliste certifiée. En identifiant les besoins naturels de nos amis à quatre pattes, elle vous aidera à mieux les comprendre et à communiquer avec eux. Céline vous conseillera à titre préventif (déménagement, arrivée d'un bébé...) ou en cas de comportement gênant (marquage urinaire, conduites agressives...), et s'occupera aussi de vos poilus pendant vos absences et vacances. Mon chat ronronne propose des tarifs adaptés en matière de *cat-sitting*, et les prestations de conseil peuvent se faire à domicile ou à distance. Partez l'esprit tranquille, votre minou sera entre de bonnes pattes !

Cat-sitting Paris

Tél. 06 50 54 17 64 • contact@catsittingparis.fr

Visites sur Paris et Boulogne-Billancourt
Visite : 28 € • Prix dégressifs à partir de 3 visites

catsittingparis.fr

CROQUETTES ET NOUVELLES FRAÎCHES • Après une carrière dans le graphisme et la communication, Asma est devenue, en 2011, *cat-sitter* pour matous parisiens. Détentrice du certificat de capacité des animaux de compagnie d'espèces domestiques et d'une assurance professionnelle, elle se déplace chez vous pour prendre soin de votre chat en votre absence. Après avoir rempli une fiche de renseignements (habitudes, nourriture, soins, adresse vétérinaire), vous recevez la pro à votre domicile, afin de lui présenter M. chat et de lui confier vos clés. Durant chaque visite – qui dure trente minutes –, Asma s'occupe de votre boule de poils avec tendresse et efficacité. Croquettes, eau, litière... mais aussi jeux, câlins et ronrons garantis ! Comme Asma est passionnée de photographie, vous aurez plaisir à découvrir le portrait de votre chat qu'elle vous enverra à la fin de chaque visite.

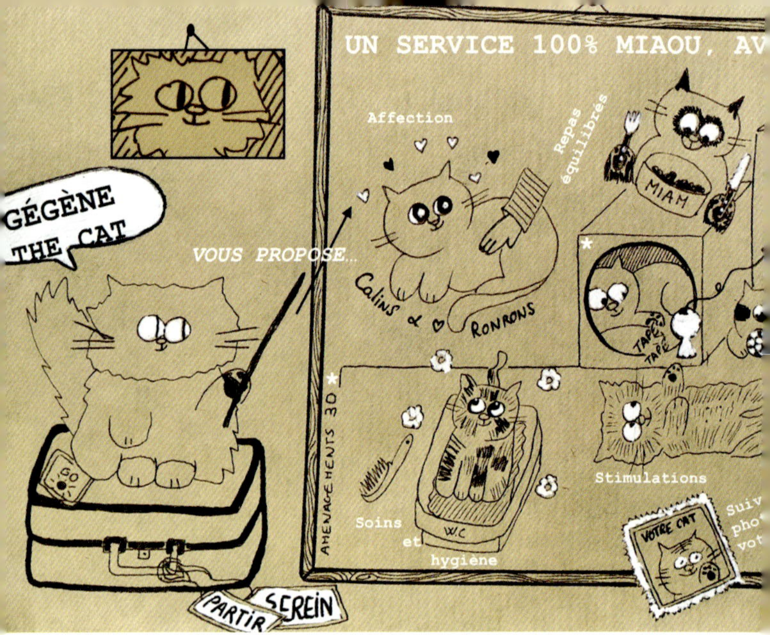

Gégène the Cat

16, rue d'Alsace-Lorraine, 19e • M° Danube
Tél. Lou 06 24 11 27 35 et Mathilde 06 24 67 89 51

gegenethecat.com

ENTRE DE BONNES PATTES • En votre absence, Gégène the Cat prend la relève et vient chouchouter votre minou chez vous, ou le reçoit en mode famille d'accueil, à Paris ou dans sa maison de l'Yonne. Recommandées par la clinique vétérinaire de l'Horloge, Mathilde et Lou, *cat-sitters* certifiées, déclinent leurs services en trois formules : la Mini à 15 € (prestation de base, 30 minutes), la Classique à 20 € (câlins et jeux en plus, 45 minutes), et la Maxi à 25 € (soins brossage ou autre en plus, une heure). Comptez 2 € de plus pour les quartiers hors 3e et 19e. La prestation comprend la prévisite et l'envoi de nouvelles par e-mail. Gégène the Cat, c'est aussi tout un univers pour le bien-être du félin, non dénué d'humour (cf. illustrations sur les réseaux sociaux). Mathilde et Lou proposent en outre des aménagements d'intérieur personnalisés pour chats, ainsi que les “Souribambelles”, une gamme de jouets cousus main et garnie de cataire 100 % bio.

La Compagnie du Chat

Oana Caudray • contact@lacompagnieduchat.fr

Visites à Paris, Saint-Mandé et Vincennes
Pass 15 visites : 600 € (300 € après déduction d'impôts)
Pass 30 visites : 1 080 € (540 € après déduction d'impôts)

lacompagnieduchat.fr

NULLE PART COMME CHEZ SOI • Les chats n'apprécient pas de changer de territoire ni d'habitudes. Pour leur bien-être, il est donc préférable de les laisser à la maison lors de vos déplacements. Et, comme les distributeurs de croquettes automatiques ne font pas de câlins ni ne changent l'eau, il est temps de confier cette mission à une spécialiste. À La Compagnie du Chat, un service personnalisé est assuré par une professionnelle certifiée CETAC. La prestation commence par une pré-visite gratuite d'une heure afin de prendre connaissance de vos habitudes et de vos consignes, et d'instaurer une relation de confiance. Les visites durent ensuite une heure, de quoi assurer l'intendance de M. le chat, le gratouiller, le brosser, jouer avec lui, retirer les poils du canapé, mais aussi arroser les plantes, relever le courrier, et vous envoyer des nouvelles avec photo ou vidéo par e-mail ou SMS. Le saviez-vous : le service est déductible des impôts !

Mon chat est roi

Tél. 06 20 02 04 44

Zones desservies : Paris et proche banlieue
Visite de 30 min : 12 € • Visite de 1h : 19 € • Visite de 2h : 29 €

monchatestroi.fr

UNE ÉQUIPE DE CONFIANCE • À la différence des grandes plates-formes impersonnelles de *pet-sitting* en ligne, cette petite structure connaît personnellement sa trentaine de *pet-sitters*. Brian Schlisteur, le fondateur, les a recrutés avec soin et reste en contact constant avec eux, afin d'offrir un service personnalisé et humain. Une fois que vous avez fait votre demande en ligne, Brian vous répond sous huit heures. Vous validez alors le devis, et le ou la *cat-sitter* vous contacte pour convenir d'une pré-visite chez vous. Vous pourrez partir en confiance, il ou elle effectuera sa prestation aux dates convenues et vous enverra des nouvelles avec photos par SMS. Grattouilles, festin de croquettes et jeux assurés pendant votre absence ! Afin de booster l'adoption plutôt que l'achat, Mon chat est roi verse 25 % des honoraires d'une visite réservée par un maître qui a adopté par l'intermédiaire d'une association.

Un Chat à Paris

Jean-Marc Vernier • Tél. 06 07 60 61 74

Visites sur Paris et proche banlieue
Visite : 20 €, 7j/7 • Tarif doublé les jours fériés
Remise des clés au prix d'une visite

unchataparis.fr

À DOMICILE • Des vacances à l'horizon et personne pour garder votre chat ? Jean-Marc Vernier est là pour le dorloter à votre place ! Depuis 2010, cet amoureux des félins se déplace à votre domicile pour prendre soin de votre matou lors de votre absence. Tout en respectant vos habitudes et celles du minou, Jean-Marc ajoute grattouilles et câlins, soins spéciaux comme les piqûres d'insuline ou la prise de médicament si besoin. Il vous envoie régulièrement des nouvelles du minou, par SMS, e-mail ou téléphone. Les visites durent environ trois quarts d'heure. Et, pour partir le cœur tranquille, sachez que Jean-Marc travaille en partenariat avec plusieurs vétérinaires parisiens, en cas d'urgence médicale.

AIRBNB POUR CHATS

Et si on appliquait les bonnes pratiques de l'économie collaborative à l'univers félin ? Prête-moi ton chat met en relation des propriétaires de chats qui souhaitent les faire garder pendant leurs vacances et avec des hôtes qui aiment les chats et sont disposés à s'en occuper de façon ponctuelle et bénévole. Le propriétaire achète la nourriture et la litière, quant à l'hôte, il ne paie rien – il fournit simplement les câlins ! Côté site, il suffit d'entrer son adresse et la date du séjour, et l'on accède aux profils des hôtes disponibles près de chez soi. La garde coûte 3 € par jour et génère un don de 1 € au profit d'une association caritative. Donnant-donnant !

PRÊTE-MOI TON CHAT
pretemoitonchat.com

Un Chat en Ville

Visites à Paris et proche banlieue
Visite de 30 min : 18 € à Paris, 20 € en proche banlieue

unchatenville75.fr

VACANCES FÉLINES *AT HOME* • Votre chat n'aime pas voyager et vous n'attendez que le vendredi pour vous évader hors de Paris ? Pas de souci, contactez Un Chat en Ville, qui vous enlèvera une épine de la patte ! Sa responsable, Laurence, ancienne contrôleuse de gestion dans une entreprise informatique, a tout quitté pour réaliser son rêve : s'occuper des chats de Paname. Les visites durent trente minutes, le temps de filtrer la litière, de changer l'eau, de nourrir le minou selon ses habitudes, et de lui faire plein de câlins et de grattouilles. Des soins médicaux de base sont aussi possibles. Laurence vous enverra des nouvelles régulières de vos petits compagnons... De quoi partir en toute confiance !

Mon chat est servi

Tél. 06 48 90 65 05 • contact@monchatestservi.fr

Paris et proche banlieue sud-ouest • Visite de 15 min : 15 €

monchatestservi.fr

AU SERVICE DES MAÎTRES • Après une prévisite gratuite et individualisée pour faire connaissance avec vous et votre félin, Jérôme propose des prestations sur mesure lors de votre absence : gardiennage de votre domicile, de votre chat ainsi que d'autres animaux domestiques. Ses visites dans votre *home sweet home* vont de quinze minutes à une heure. Croquette sur le gâteau, Mon chat est servi est agréé "services à la personne", ce qui vous permet de bénéficier dans certains cas d'une réduction d'impôts allant jusqu'à 50 %.

Sonia Paeleman, comportementaliste féline

Tél. 06 16 71 72 58 • soniapaeleman@gmail.com

Paris et proche banlieue • Première consultation (2h30) : 120 €
+ frais de déplacement

bienvivreavecsonchat.com

VIVONS ENSEMBLE, RONRONNONS HEUREUX • Votre matou se fait les griffes sur le canapé ? Il est agressif depuis que bébé est né ? Il est parfois difficile d'interpréter les signaux qu'il nous envoie. Heureusement, Sonia est une traductrice parfaite ! Auteur des livres *Comprendre votre chat. Les secrets d'une comportementaliste* (2018) et *Ça veut dire quoi quand mon chat fait ça ?* (2021), Sonia est engagée dans la formation des comportementalistes au sein de l'organisme Animautopia (voir p. 105). Elle est diplômée en éthologie et comportementalisme félin, et vous aide à bien comprendre votre chat et ses besoins fondamentaux. Lors d'une longue consultation personnalisée qui a lieu chez vous, la spécialiste observe votre quotidien et vos interactions, vos habitudes comme celles de votre minou (alimentation, litière, repos, jeux). Elle écoute sans jugement, avec bienveillance et confidentialité, et propose une médiation pour retrouver une harmonie dans la cohabitation.

Heureux avec mon chat

Tél. 06 81 31 78 63 • karine@heureuxavecmonchat.com

Forfaits : de 35 € (30 min) à 130 €
pour une consultation comportement

heureuxavecmonchat.fr

BIEN L'ÉCOUTER POUR MIEUX L'AIMER • Après avoir suivi une formation en éthologie appliquée et obtenu un diplôme de comportementaliste félin, Karine Olivier a fondé Heureux avec mon chat. Sa mission ? Tout faire pour que les chats et les humains vivent en harmonie. Si vous avez le projet d'adopter un chaton, si vous changez de vie avec votre matou dans les valises, si votre minou présente des comportements inopportuns, Karine saura vous écouter, vous comprendre et vous guider. À la fois bienveillante, positive et douce, elle travaille dans le respect des animaux et des maîtres. Les consultations se font à domicile en région parisienne, mais peuvent aussi avoir lieu en ligne ou par téléphone partout dans le monde. N'hésitez pas à consulter son blog sur lequel vous trouverez plein de bons conseils. Karine propose également un service de *cat-sitting* sur son site chat-heureux.com.

Lou, "comportemencatliste" féline

Tél. 06 24 11 27 35 • comportemencatliste@gmail.com

Consultation (1h30) : 120 € à domicile à Paris
ou 100 € en visioconférence partout en France

comportemencatliste.com

HUMOUR ET COMPRÉHENSION • Si la cohabitation avec votre félin devient difficile (marquage, griffades...), l'aide d'un pro s'avère souvent nécessaire. Diplômée en comportementalisme félin, Lou possède une longue expérience de *cat-sitter* certifiée (CCAD) avec Gégène the Cat (voir p. 92) et conçoit des aménagements d'intérieur 3D pour chats. Avec l'humour caractéristique de Gégène the Cat, vous trouverez sur son blog et sa page Facebook des conseils en situation, toujours bien illustrés. La thérapeute donne des noms rigolos à chaque cas de figure : le chat querelleur pour les marques d'agressivité, le chat sumo pour les problèmes d'alimentation, le chat couche-tard pour l'agitation nocturne... La première prise de contact au téléphone est suivie d'un rendez-vous d'une heure trente à domicile avec le matou, afin de comprendre la situation et d'envisager une solution. Ensuite, vous avez un mois pour mettre en application ses conseils, avant de la revoir pour le suivi.

123 Moustaches

Tél. 06 40 95 07 32

Zones desservies : Paris 8e, 9e, 10e, 17e, 18e, Clichy, Levallois-Perret
Visite de 30 min : 25 € • Visite de 45 min : 32 € • Visite de 1h : 39 €
Consultations : comportementale 130 €, préventive 100 €, aménagement 80 €

123moustaches.fr

COMPORTEMENTALISTE À DOMICILE • Le chat est attaché à son environnement et changer ses habitudes peut lui provoquer du stress. Le choix de la garde à domicile est donc la solution idéale, et les visites du *cat-sitter* lui apporteront compagnie et distraction. Anne-Sophie est *cat-sitter* professionnelle et comportementaliste féline certifiée par Vox Animae. Passionnée d'animaux, elle est également titulaire de l'ACACED (attestation de connaissances pour les animaux de compagnie d'espèces domestiques) délivrée par le ministère de l'Agriculture. Elle saura combler de bonheur votre matou en votre absence. En outre, si vous notez un souci de comportement, demandez-lui une consultation pour restaurer une relation harmonieuse avec votre chat. Dans une démarche écoresponsable, Anne-Sophie se déplace à vélo électrique !

LIBÉRÉS, DÉLIVRÉS !

Si vous rêvez de ramener chez vous chaque minou errant que vous croisez dans la rue, vous ne pourrez que soutenir cette association. L'École du chat a été créée en 1978, quand la Ville de Paris décida d'euthanasier tous les chats errants du cimetière de Montmartre. Très vite, un groupe de voisins se forma pour les sauver et éviter ce carnage. Depuis, les chats recueillis par ce comité passent par les mêmes étapes : trappage, stérilisation, identification au fichier national félin ; ils sont nourris puis relâchés. Les minous sont ensuite suivis médicalement par l'association, et donc en liberté surveillée. Quand c'est nécessaire, ils sont placés en famille d'accueil en attendant l'adoption. Si vous souhaitez adopter l'un d'entre eux, il vous suffira de signer un contrat avec l'association, et de verser une participation financière pour les frais de vétérinaire.

L'ÉCOLE DU CHAT, COMITÉ DE DÉFENSE DES BÊTES LIBRES
19, rue de Trétaigne, 18e
Tél. 06 07 31 30 54
postmaster@ecoleduchat.asso.fr
ecoleduchat.asso.fr

ESAV

72, rue Saint-Charles, 15e • M° Charles-Michel ou Dupleix
Tél. 01 84 17 36 69 • info.paris@institut-bonaparte.fr

esav-institut-bonaparte.fr

FORMATION AU POIL • Créé en 1984 à l'initiative de vétérinaires praticiens, cet institut est la première école en France à former aux métiers animaliers : aide-soignant vétérinaire, toiletteur canin et félin, ACACED (certificat de connaissances pour les animaux de compagnie d'espèces domestiques). Les perspectives professionnelles sont multiples : cabinet vétérinaire, élevage de chats et de chiens, pension pour animaux, animaleries, laboratoire d'analyses, responsable de refuge, *pet-sitter*... Pour une formation d'aide-soignant vétérinaire, comptez 24 mois de formation après n'importe quelle filière du baccalauréat, et un budget de presque 9 900 €. Pour la formation de toiletteur, comptez entre 4 mois et 1 an de formation (à partir de 18 ans, pas de niveau scolaire prérequis).

Animautopia

38, rue du Valhermeil, 95430 Auvers-sur-Oise
Tél. 06 88 26 55 73 • info@animautopia-formation.com

Ouvert du lundi au samedi de 9h à 18h

animautopia-formation.com

APPRENDRE ET COMPRENDRE L'ANIMAL • Le charmant village d'Auvers-sur-Oise, qui a vu défiler en son temps les impressionnistes, abrite un centre de formation pas comme les autres : chez Animautopia, vous pourrez vous former aux métiers de comportementaliste pour chats, de *cat-sitter*, de praticien en massage canin et félin, de secouriste animalier ou de conseiller en soins naturels. Vous pourrez aussi suivre des formations sur la nutrition féline et des stages sur le comportement du chat ouverts à tous, en présentiel et en visio. Situé au cœur d'un parc arboré de 5 000 m², le site offre un cadre de formation reposant, qui permet de se connecter avec la nature. Les formations varient de 3 jours à 38 jours, selon la discipline choisie.

Cimetière animalier d'Asnières

4, pont de Clichy, 92600 Asnières-sur-Seine • M° Gabriel-Péri
Tél. 01 40 86 21 11

asnieres-sur-seine.fr

LE PARADIS DES ANIMAUX • Situé près du pont de Clichy, le cimetière d'Asnières est le tout premier cimetière pour animaux ouvert dans le monde. La journaliste féministe Marguerite Durand et l'écrivain Georges Harmois sont pour beaucoup dans la création de ce lieu insolite et pittoresque, inauguré en 1899. Derrière son élégant portail Art nouveau dessiné par Eugène Petit, ce cimetière pas comme les autres accueille plus de 3 800 sépultures pour 90 000 animaux inhumés. Chats, mais aussi chiens, chevaux, oiseaux, tortues, lions... Ici, tous sont locataires d'un bout de terrain pour un certain nombre d'années, mais au prix d'un hôtel 4 étoiles – la location y est plus chère qu'au Père-Lachaise ! On y trouve en outre de nombreux chats errants qui font des siestes au soleil sur les tombes de leurs camarades, trouvent refuge dans des abris quand il pleut, tandis qu'une association bénévole leur prodigue des soins et met à leur disposition de la nourriture dans une cabane prévue à cette intention. Ces matous-là ont tout compris, on dirait !

Anima Care

7, villa Seurat, 14e • M° Alésia • Tél. 01 83 62 10 40

Ouvert du lundi au samedi de 9h à 19h

anima-care.fr

POUR UN ADIEU SEREIN • Anima Care est un centre de ressources autour de la fin de vie des animaux de compagnie. L'entreprise aide les équipes vétérinaires à mieux structurer leur offre en matière d'accompagnement de leurs derniers moments, par la mise à disposition de services et de formations. Mais Anima Care propose aussi aux familles des ressources pour les aider à traverser ce moment difficile. Le livret d'aide à la décision des familles, téléchargeable sur le site, vous guidera au long de ce parcours : il vous permettra de trancher la question épineuse de l'euthanasie, et vous aidera à choisir entre l'inhumation et la crémation. Si vous optez pour un cimetière animalier, vous trouverez sur le site une liste de tous les lieux en France, Suisse et Belgique, où offrir à votre matou le repos éternel. Et, parce que le deuil d'un animal est une épreuve émotionnelle douloureuse, Anima Care prodigue des conseils pour mieux vivre l'après.

Séleste - Cimetière de Villepinte

18/24, route de Tremblay, 93420 Villepinte • RER Villepinte (à 2,7 km)
Tél. 09 72 54 76 76

Séleste est présent sur trois sites (Villepinte, Guyancourt et Cadaujac), voir sur seleste.fr

POUR TOUJOURS • Quand arrive le moment du dernier au revoir, ce service funéraire spécialisé vous aide à rendre un ultime hommage à votre animal de compagnie. L'équipe de Séleste vous propose un large choix de produits funéraires adaptés à sa taille et à sa personnalité, notamment une gamme d'urnes biodégradables, personnalisables, en matériaux naturels ou nobles. Le cimetière animalier de Villepinte a été créé pour offrir à nos petits compagnons une fin digne et respectueuse. Vous pouvez choisir le type de sépulture : inhumation en caveau ou en pleine terre. Outre Villepinte, Séleste officie sur deux autres sites : le crématorium de Guyancourt, ainsi que le crématorium et cimetière animalier de Cadaujac.

Animémoire

13, rue Carpeaux, 18e • M° Guy-Môquet
Tél. 01 44 23 81 37

Ouvert du lundi au vendredi de 9h à 18h

animemoire.fr

POMPES FUNÈBRES TRÈS SPÉCIALISÉES • Parce que nous sommes souvent perdus dans les démarches à faire au moment de la perte d'un animal, Cédric a créé Animémoire. Toujours à l'écoute, il vous guidera avec attention et respect tout au long de ce parcours souvent douloureux. Depuis le transport du corps de votre compagnon jusqu'à la crémation ou l'inhumation, en passant par le choix des urnes ou des cercueils, tout est ici organisé complètement sur mesure.

4

Curiosités félines

***Street art*, architecture, *escape games*, hôtels, rues insolites… Paris regorge de curiosités félines, à découvrir lors de vos balades nez au vent. Alors levez les yeux, les matous sont partout !**

Musée du Louvre

Rue de Rivoli, 1er • M° Palais-Royal-Musée-du-Louvre • Tél. 01 40 20 53 17

Ouvert du mercredi au lundi de 9h à 18h, mercredi et vendredi jusqu'à 21h45

Entrée : 17 €

louvre.fr

MAJESTUEUX ANCÊTRES • Le saviez-vous ? Représenté par la déesse Bastet, le chat était adoré des Égyptiens. Animal sacré, symbole de protection, il ne pouvait être maltraité ou tué. Lorsqu'un chat mourait naturellement, la famille se rasait les sourcils en signe de respect, et marquait le deuil pendant soixante-dix jours, le temps de sa momification. Et c'est précisément quelques-unes de ces momies de chats que nous pouvons observer au musée du Louvre, dans la section Égypte ancienne, ainsi qu'une magnifique sculpture de la déesse Bastet, au regard félin intrigant et majestueux. Parmi les trésors de la collection du Louvre, signalons aussi le tableau de Louis-Léopold Boilly *Portrait de Gabrielle Arnaud, enfant*, ou celui de Jean-Siméon Chardin baptisé *La Raie*.

Rue du Chat-qui-Pêche

5e • M° Saint-Michel

RUELLE DE LÉGENDE • Percée en 1540, cette rue, perpendiculaire au quai Saint-Michel, est l'une des plus étroites de Paris. Elle mesure 29 mètres de long et 1,57 mètre de large dans sa portion la plus étroite. Elle intrigue autant par sa taille que par son nom. L'histoire raconte qu'au XVe siècle, un chanoine se livrait ici à l'alchimie en compagnie d'un chat noir qui arrivait à extraire d'un coup de patte habile les poissons de la Seine. Persuadés que c'était une affaire diabolique, que l'alchimiste et le chat noir ne faisaient qu'un, trois étudiants tuèrent le chat et le jetèrent dans le fleuve. Chat noyé, alchimiste mort ! Pourtant, peu après, le chat aurait été surpris à pêcher de nouveau au bord de l'eau. La deuxième légende est plus crédible : dans un puits de cette rue arrivaient des poissons de la Seine, si bien que les matous du quartier pouvaient les pêcher plus facilement qu'ils ne l'auraient fait près du fleuve.

Musée d'Orsay

1, rue de la Légion-d'Honneur, 7e • M° Solferino
Tél. 01 40 49 48 14

Ouvert du mardi au dimanche de 9h30 à 18h, le jeudi jusqu'à 21h45

Entrée : 14 €

musee-orsay.fr

CULTURE CHAT • Plusieurs chats ont eu la chance d'avoir leur truffe immortalisée par les pinceaux de grands maîtres de la peinture française. Ainsi, dans ce temple de la peinture du XIXe siècle, vous pourrez contempler *Le Chat blanc* du nabi Pierre Bonnard (1894), un matou à pattes longues qui fait le dos rond. Rendez-vous aussi devant *L'Atelier du peintre*, une œuvre de 1854-1855 signée Gustave Courbet sur laquelle un beau chat blanc se dresse au pied du maître, au centre de la scène. À ne pas manquer non plus : le portrait de Julie Manet, fille de Berthe Morisot et Eugène Manet (frère du peintre), par Auguste Renoir (1887), où la petite fille tient son chat dans ses bras. Enfin, dans *Sita et Sarita*, de Cécilia Beaux (1893-1894), un petit chat noir contraste avec une élégante femme toute vêtue de blanc.

Le Triangle - Escape game

4, rue de Castellane, 8e • M° Madeleine, Saint-Lazare ou Havre-Caumartin
Tél. 01 40 07 52 98

Ouvert tous les jours de 10h à 22h

Tarifs : de 23 € à 37 €

letriangle-escapegame.com

LA PLANÈTE DES CHATS • Les chats ont pris le contrôle du monde entier, qu'ils commandent depuis la Maison-Blanche aux États-Unis. Votre mission sera de vous y infiltrer tel un espion afin de découvrir le code qui désamorce une bombe de destruction massive créée pour détruire les derniers humains. Puis il faudra réussir à vous échapper des griffes des félins au pouvoir. L'originalité de cet *escape game* réside dans le fait que de vrais chats vous escortent dans l'*escape room* ! Le Triangle est partenaire de l'association Les Chats bohèmes et fonctionne comme une famille d'accueil : les minous sont donc tous à adopter ! *Team building*, anniversaire, EVJF, EVG, toute occasion est bonne pour venir craquer pour ces matous finalement pas tyranniques du tout !

Un chat au Bristol

112, rue du Faubourg-Saint-Honoré, 8e • M° Miromesnil • Tél. 01 53 43 43 00

Ouvert tous les jours

Chambres : à partir de 1 100 €

oetkercollection.com/hotels/le-bristol-paris

MATOU DE PALACE • À quelques pas de l'Élysée, Fa-Raon, magnifique félin sacré de Birmanie, est le résident permanent du Bristol Paris. Il peut passer des heures sur le comptoir d'accueil et se laisser caresser par les clients, se balader dans l'un des couloirs des sept étages du palace, dans l'une des nombreuses chambres, faire une sieste sur un fauteuil de soie brodé, s'assoupir sur un guéridon, se prélasser dans le jardin fleuri, ou être invité par un client dans sa suite. Seule la cuisine du chef étoilé lui est interdite. Parfois, des clients demandent à être accueillis par Fa-Raon lui-même, sa seule vraie obligation dans le palace. Le soir venu, après toutes ces activités ultrachics, Fa-Raon regagne ses appartements secrets, décorés en mode *street art* par le célèbre graffeur Renk. L'élégance parisienne féline ultime ! Parce qu'une nuit au Bristol est relativement inaccessible, tentez de croiser Fa-Raon dans le hall d'entrée ou sur le canapé du bar de l'hôtel ! (Ouvert de 17h30 à 1h30, tous les jours, softs à partir de 14 €.)

Le Chat de Ricardo

Cimetière du Montparnasse, 3, boulevard Edgar-Quinet, 14e • M° Raspail
Tél. 01 44 10 86 50

Ouvert lundi, vendredi, samedi, dimanche et jours fériés
de 8h ou 9h à 17h30 ou 18h selon la saison

paris.fr/equipements/cimetiere-du-montparnasse-4082

ÉTERNEL COMPAGNON • En traversant le cimetière du Montparnasse en direction de la tombe de Charles Baudelaire, dans la sixième division, vous découvrirez, cachée derrière un arbre, une tombe hors du commun. Elle est ornée du *Chat de Ricardo*, une œuvre signée Niki de Saint Phalle, célèbre pour ses sculptures de la fontaine Stravinsky près du Centre Pompidou. En 1989, son assistant et ami Ricardo Menon meurt du sida. Niki trouvait que Ricardo possédait des allures de chat : fier, mystérieux et sexy. Alors que son ami était mourant à l'hôpital, l'artiste lui a promis d'édifier une sculpture en forme de chat en son honneur et de la placer sur sa tombe. C'est ainsi qu'elle érigea un chat en mosaïque d'environ 1,50 mètre de haut. L'épitaphe a été rédigée par Niki : « À notre ami Ricardo qui est mort trop tôt, beau, jeune et aimé. »

Escape Kid

5 bis, rue Émile-Allez, 17e • M° Porte-de-Champerret ou Porte-Maillot
Tél. 01 45 78 98 49

Ouvert du mercredi au dimanche de 10h à 20h

Entrée : 90 € pour 3 à 6 joueurs maximum • À partir de 5 ans

escape-kid.com

CHACUN CHERCHE SON CHAT • La mère Michel est désespérée : elle ne retrouve plus son chat et elle soupçonne le père Lustucru d'être à l'origine de cette disparition. Elle a donc besoin de votre petite famille pour l'aider dans cette quête. Vous devrez vous infiltrer chez le père Lustucru et fouiller son appartement pendant qu'il est à la chasse. Ouvert en novembre 2017, cet *escape game* a la particularité de proposer des sessions destinées aux enfants et à leurs parents ! En soixante minutes, petits et grands devront élucider des énigmes pour sortir d'une salle et pénétrer dans la suivante, tout en respectant impérativement le timing. Les petits partiront avec une carte officielle de détective dans la poche, et un grand sourire aux lèvres. Une occasion idéale pour développer le sens pratique de votre enfant et l'entraide en famille.

Hôtel Le Chat Noir

68, boulevard de Clichy, 18e • M° Blanche
Tél. 01 42 64 15 26

Prix moyen de la chambre : 120 €

hotelchatnoir.com

DU CABARET AU 4 ÉTOILES • Au pied de la butte Montmartre, cet hôtel a élu domicile à l'emplacement du légendaire cabaret Le Chat Noir. Vous serez charmé par l'esprit cosy de ce lieu, rehaussé d'une palette de couleurs chaleureuses (noir, kraft, zinc et brique) et décoré avec des meubles chinés, des jeux d'ombres et plein de petits détails félins dans les chambres, les couloirs et le hall. Et pour les passionnés de la célèbre affiche signée Alexandre Steinlen (1896), rendez-vous au charmant musée de Montmartre, 4, rue Cortot. Vous y retrouverez dans le musée la lithographie originale de l'affiche, mais également par ce même peintre *L'Apothéose des chats*, une grande toile où seuls des chats sont représentés (pas un humain à l'horizon) !

DES CHATS SUR LES MURS DE PARIS

Les chats sont partout dans Paris. Ils s'accrochent à une fenêtre, s'affichent sur un mur... Levez les yeux !

ANCIENNE CONFISERIE AU CHAT NOIR

34, rue Saint-Denis, 1er • M° Châtelet

À l'angle des rues Saint-Denis et de La Reynie, dans ce qui fut la maison natale du dramaturge Eugène Scribe, des frises en forme de têtes de chat décorent la façade de l'ancienne confiserie Au Chat Noir.

IMMEUBLE LAVIROTTE

29, avenue Rapp, 7e • M° École-Militaire ou La Tour-Maubourg

Cet immeuble vitrine de l'Art nouveau, signé Jules Lavirotte pour le compte du céramiste Alexandre Bigot, présente sur l'archivolte de la fenêtre gauche du rez-de-chaussée une étonnante frise montrant des chats.

FRESQUE ROUGIER & PLÉ

1, cité Voltaire, 11e • M° Rue-des-Boulets

Sur cette grande fresque murale exécutée par les graffeurs Mr Bonheur et Max132, on retrouve un mélange de superhéroïnes dessinées dans le style Gustave Klimt avec une imposante Catwoman au centre.

TROMPE-L'ŒIL FÉLIN

28, rue Crémieux, 12e • M° Gare-de-Lyon ou Quai-de-la-Rapée

Dans cette rue piétonne célèbre pour ses maisonnettes colorées, on ne manquera pas le trompe-

34, rue Saint-Denis, 2e.

Cité Voltaire, 11e.

l'œil figurant un chat bondissant d'une fenêtre à l'autre pour attraper des oiseaux.

LE CHAT DE LA VOÛTE

3, passage de la Voûte, 12e
M° Porte-de-Vincennes

Cet étroit passage abrite la sculpture d'un chat géant vêtu d'une robe rouge. Cette œuvre, datée d'avril 2013, a été réalisée par les élèves de chaudronnerie du lycée professionnel Chennevières-Malézieux du 12e.

Passage de la Voûte, 12e.

Elle est aussi un hommage à la chanson *Le Soleil et la Lune* de Charles Trenet, qui a séjourné dans ce passage en 1930.

MAISON DE GEORGES BRASSENS

9, impasse Florimont, 14e • M° Plaisance

Le chanteur vécut dans ce charmant pavillon de 1944 à 1966, et y écrivit ses premières chansons. En 2005, le musicien Claudy Lentz décida d'apposer trois chats en terre cuite sur la maison de Brassens, en souvenir des nombreux chats recueillis par "la Jeanne".

MON CONCIERGE EST UN CHAT

14, rue Cécile-Furtado-Heine, 14e
M° Plaisance ou Alésia

Discrets et sereins, ces drôles de chats gardent l'entrée de ce bel immeuble et veillent sur les riverains.

Rue Mademoiselle, 15e.

CHATS CARIATIDES

3, rue Léon-Delhomme, 15e
M° Vaugirard

Au troisième étage, quatre chats en pierre soutiennent deux élégants balcons.

COMME CHIEN ET CHAT

76 et 78, rue Mademoiselle, 15e
M° Volontaires

Sur cet immeuble de 1903 présentant des céramiques d'Alexandre Bigot, un chat et un cocker encadrent les arc des deux portes d'entrée.

CHAT BELLE ÉPOQUE

197 ter, rue Saint-Charles, 15e
M° Lourmel

Sur cette jolie maison datée de 1901, on peut croiser le dernier chat (l'autre aurait disparu) sculpté par un certain P. Demange.

CASTEL BÉRANGER

14, rue Jean-de-La Fontaine, 16e
M° Jasmin ou Ranelagh

Construit par l'architecte Hector Guimard entre 1895 et 1898, le Castel Béranger est une référence en matière d'Art nouveau. Il remporta le premier concours de façade de la Ville de Paris. On retrouve la sculpture d'un chat sous une des fenêtres.

SCULPTURE SUR LA FAÇADE

1 bis, rue de Pomereu, 16e
M° Rue-de-la-Pompe ou Victor-Hugo

Dans cette belle voie privée, ce chat maladroit nous souhaite la bienvenue. Les chats sont bien connus pour être de bons grimpeurs. En revanche, pour redescendre, c'est un peu plus difficile...

FRISE BAS-RELIEFS CHATS

44, rue de Brunel ou 13, rue Labie, 17e
M° Porte-Maillot

Au cinquième étage de cet immeuble, on aperçoit une ribambelle de chats jouant avec une pelote de laine ou faisant leurs griffes sur le mur. Ici, le chat a marqué son territoire sur tout le long de la façade !

BAS-RELIEF FÉLIN AU BALCON

80, avenue Wagram, 17e • M° Wagram

Deux bas-reliefs félins encadrent le premier étage de cet immeuble.

FAÇADE SCULPTÉE

19, rue du Mont-Cenis, 18e • M° Abbesses ou Lamarck-Caulaincourt

À quelques pas de la place du Tertre, un petit clin d'œil à la nature sur un immeuble : chauve-souris, araignée, chien et chat sur une frise encadrant deux balcons.

JOUER AU CHAT ET À LA SOURIS

90, rue Georges-Lardennois, 19e
M° Colonel-Fabien ou Buttes-Chaumont

Au cœur de la charmante butte Bergeyre, on peut apercevoir un ensemble sculptural représentant un chat qui tente d'attraper une souris sur le toit d'un pavillon.

LE CHAT DE C215

Angle de la rue Nationale et du boulevard Vincent-Auriol, 13e • M° Nationale

Visible depuis le métro aérien, le chat de l'artiste C215 pose un regard majestueux sur le 13e arrondissement. Cette fresque, haute de six étages, est l'une des plus grandes réalisées par le graffeur.

Le Chat géant de C215, 13e.

M. CHAT

Ornant des façades ou perché sur des toits, le chat jaune et souriant du *street* artiste Thoma Vuille n'est pas toujours facile à trouver. Depuis vingt ans, on aperçoit son allure rondelette dans tous les quartiers de Paris, dans la rue ou dans des galeries d'art... Si vous souhaitez entrer dans ce jeu de piste félin, suivez le compte Instagram de M. CHAT : @m.chat_official.

M. Chat.

INDEX ALPHABÉTIQUE

INDEX GÉOGRAPHIQUE

16e arrondissement

17e arrondissement

18e arrondissement

19e arrondissement

Banlieue

Crédits photographiques

Toutes les photos sont © Berta Sesé, © Shutterstock ou proviennent des établissements cités.

Autres mentions : © Bello Graph (Cocoon Paris), © Christophe Beauregard (Hôtel Aristide), © David Strano (Animal Studio), © Élodie Winter (Sonia Paeleman, comportementaliste féline), © Frédéric Richard (Natte à Chats), © Jan Prerovsky (Le Bristol), © Lucile Caballero (Basile & Images), © Lydia Bellet (Patounes et Moustaches), © Nathalie Tiennot (Le Muzographe), © Nathalie Tiennot (Purrobscur), © Philippe Barbosa (Le Triangle), © Ricardo Milani (Aristide, la boutique), © Théo Saffroy (Flair in the City), © Zofia Kobylanski (Chartreux de Montempoivre).

Édition : Mathilde Kressmann
Relecture-correction : Fabienne Texier-Pinson et Cécile Rémy
Direction artistique et couverture : Isabelle Chemin

ISBN : 978-2-37395-149-3
Dépôt légal : mars 2022
Achevé d'imprimer en UE en février 2022